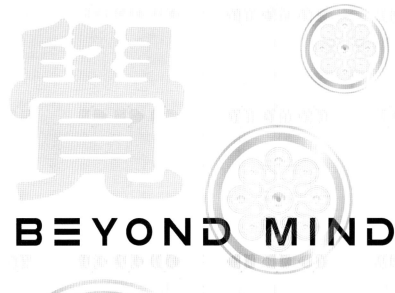

覺

BEYOND MIND

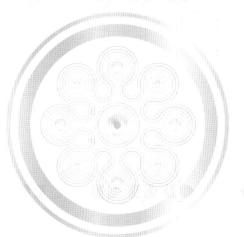

胡索 著

也品出版

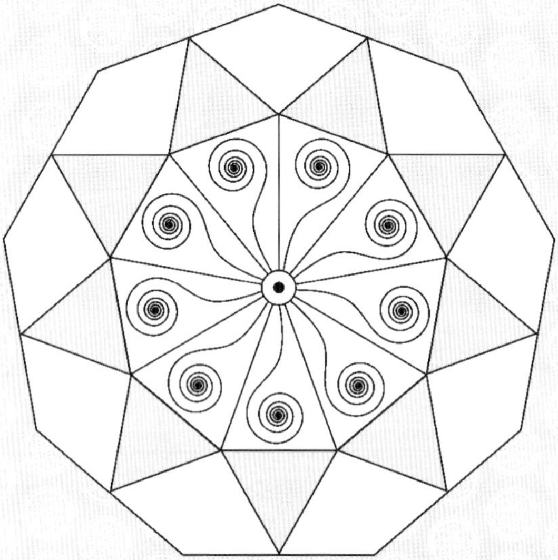

很多人不敢回顧從前，
但任何的過去都是有價值的；
如果沒有那些過去，
就沒有今天的我，
重新將這些事情敘述出來。

胡康

目錄

壹。經歷

貳。覺

參。靈性設計

肆。未終章

推薦序1

入定態的腦內乾坤——他能看見氣的流動

我研究氣功及特異功能超過30年，中途有幸遇到幾十位氣功高手及身懷絕技的特異功能人士，經過數十年的大量實驗及觀察分析之後，我發現這些人士產生特殊能力的來源有三種：第一種是天生異稟，從小就出現各種神奇的現象，這種人鳳毛麟角、萬不得一；第二種是大病不死或大難不死，如遭遇雷擊或嚴重車禍後，僥倖活過來的人；第三種身體敏感的人則是佔最大多數，經過打坐修煉而鍛鍊出來的，佛教和道教均有數千年的傳承及修練方法來達到這種神奇的境界，因此人數最多。

這三種不同方式所產生的特異現象，其大腦內部的生理反應似乎也有所不同：有的大腦會開天眼，出現一個像電視的銀幕；有的產生不可思議的特異功能，如遙感、遙視和念力等現象；有的則是靈魂與大腦解離之後，可以進入不同的空間譬如靈界，看到過去發生的事情或靈附溝通等，也有的人可以產生影像視覺，看到一些能量的流動。

2020年8月那時我已從臺灣大學退休一年，有一天作者胡先生的團隊因爲對氣功有興趣來訪問我，想多知道一些有關氣功的科學。我爲了示範氣功與腦波的關係，就先幫每位成員測量腦波，以便說明練氣功時身體所呈現的兩種生理狀態——「共振態」與「入定態」。我要求大家閉眼靜坐5分鐘，沒想到測量胡先生的腦波時，他的大腦一片寂靜，測量不到腦波，呈現一種完美的「入定態」！這讓我再次看到30年前測量高段師父入定的功夫，心中著實一驚：「遇到高人了」？

胡先生表達合作的意願，希望移轉我在氣功與撓場研究發現的技術，例如炁的放大器及震盪器等，做成產品讓一般人也能很容易感受到氣。

2021年初他開始練習靜坐，由於資質很好他進步很快，常常告訴我們他對於氣的感受和氣的流動方向，不可思議的是他開始常常描述大腦中會出現的一些幾何圖案，氣如何沿著圖案流動，然後他用超強的工藝技術把3D圖案製作出成品。我自己對氣的流動不敏感，因此請一位道家朋友W先生去感受那些幾何圖案產生的氣流，結果卻能應證胡先生的說法。

有一次他看到一種梯田結構，這個幾何結構可以把氣層一階一階加強，其實我不大相信，因爲無法理解增加的能量從哪裡來？但是胡先生很快地就開模把這個結構做出來，取名爲「覺之花」。我拿給道家朋友與醫師朋友試試做輔助健康器材實驗，我只能說實驗結果「好」得超出我的想像！讓我想起十九世紀末，一位具有圖像視覺能力的美國科學家尼古拉·特斯拉（Nikola Tesla），他在大腦中設計並且運轉機器，發生錯誤時也於腦中修改，一旦設計成功就開模，所製造的成品都能夠成功運轉！我終於理解這是怎麼一回事。

這一次胡先生出書交代他的身世，以及靜坐入定後自然產生的影像視覺能力，顯然胡先生是一位靜坐後開發出看見「氣」流動的人士，算是我研究特異功能後所遭遇的一個新的現象，一個新的篇章，特以爲序。

國立臺灣大學榮譽教授

李嗣涔

為生命盡情謳歌——聽他說、看他做、體驗他的覺和在

閱讀完本書，呆了半晌不知道如何下筆，這資訊量也太大了！

如果老朋友的定義是「相識的時間」大過於「不認識的時間」，那麼胡先生與我就是不折不扣的老朋友了。從求學到創業、爾後成家、一直到超越意識的探索，二十多年來巨量的記憶隨著字裡行間的過往敘事不斷在腦中翻過，文字就像胡先生平常說話的語氣一般直白和生活化，淡然中帶有馬來西亞華人特有的南洋腔調和說法。就像是吃 Nasi Lemak（馬來西亞椰漿飯）一樣，一開始以爲只有白飯，越嚼、椰子的味道越香濃。

書中提到人生過程中種種的選擇，不論大或小的決定，都累積成了現在、當下。1996年的冬天，因爲胡先生搭乘的班機延遲，我倆才陰錯陽差的在加拿大認識。高中時期是網絡的初始發展，用著發出噠噠噠的撥接數據機上網，胡先

生總是不斷的嘗試新的事情，從ICQ、Hotmail、Skype、MSN，發現新的軟體就呼朋引伴一起玩，他會走上科技創業之路，創辦加密通訊軟體Letstalk也就不令人意外了。「創新、執行力強」，這是從以前到現在一起共事的夥伴們對胡先生的評價，在此也不諱言，「急性子、主觀意識強」也是常常聽到的評語，而這些在胡先生於2020年走上「覺」的探索之旅後，逐漸多了「溫暖」和「友善」的特質。胡先生親身力行證明了「改變」，不代表要放棄過去，反而是正視過去的累積，讓點滴經驗成爲養份，滋養自身的成長，幫助我們成爲更好的自己。

我出身於公務員家庭，一向量入爲出，從小對於錢的概念大致不脫離「無奸不商、爲商必奸」、「金錢是萬惡之源」、「錢不重要」等等。因爲與胡先生的緣分，方有機會踏上管理者和創業者的道路，也在一路上逐漸調整自身的信念，如「金錢是豐盛的展現」、「想要在那裏成功，就在那邊幫助人」、「買賣是能量的交換」等等。

我個人不認同「商場如戰場」的比喻，因爲戰場上是你死我活的爭鬥，而商業並不是。商業上的關鍵提問是：我們如何發現自己的獨特性、創造價值與交換價值？我們如何協調彼此的工作狀態、培養優質關係？我們如何關照顧客、照料員工、照拂股東、體恤夥伴，並且也照顧好自己？

在２０１４年開始接觸美國矽谷風行的「敏捷式管理（Agile）」之後，我更認同「商場如道場」這個比喻。商場是自我修煉和精進的道場，如同胡先生在書中所說的：「三等人才爲錢與權工作，二等人才爲興趣工作，一等人才則是爲愛和爲大家工作。」以及對於老闆的分類：「三等老闆只想當老闆，二等老闆只爲錢當老闆，一等老闆則帶著大家一起成長」。

我從三等人——爲錢工作開始我的職涯，在工作中逐漸提升和成長，這或許也是大部分的人都有機會經歷的商業道場之路。「道場覺之所爲何，共頻知字贈有緣」，猜想正因爲如此，一向低調的胡先生，才會發心分享這段「覺」之旅的親身經歷，期待這本書能對僕僕行走在這條道路上的有緣人有所啟發和幫助，彼此鼓勵、互相打氣，願我們都能輕鬆自在。

臺灣敏捷協會創會理事長

林裕丞

推薦序3

他的分享很美——啟發心靈的一本好書

我翻閱這本書兩次，完整地閱讀完畢，因爲這本書很吸引我。吸引我的兩個部分，一是作者胡先生童年的生命歷程，不純然是因我常去新山，或曾去過笨珍附近海邊，對那兒的自然景觀很有感，更是對作者的成長環境感到鄉土的親切；而他刻苦自勵在棘手的環境中生存，並對自然世界與文化保有好奇心，都讓我感到很深的共鳴。

另一個吸引我的部分，是胡先生的身體出現狀況後，他開始反思生命本身，並進入一連串機緣與學習。從薩古魯的影片開始，到楊定一博士、李嗣涔教授，遇到神醫、上師，以及脈輪的體驗，都與我近幾年來關注的層面相似，胡先生在書中所提的這些訊息我都很感興趣，雖然不一定完全懂得。其中胡先生提及「全程靜坐」最讓我感到驚訝，席長安老師爲這個方式取名「全程」靜坐，雖然我並未聽過席老師，也不知有「全程靜坐」，但是對此非常有感觸。

我從２００１年開始學習「薩提爾模式」，理解人的過去影響到此刻，從冰山中探索可以獲得更多洞見，因而改變了我與家人關係。自此我與弟妹們有更多連結，與後媽相處更好，與親生母親自然和解，也釋放對母親同性伴侶的仇恨。而這個過程也幫助我在教育上更有能力，在個人對話上更具有洞察力等。

這些關係的改變與應對能力的提升，雖然非常的美好，但我始終覺得自己的內在「有個隔閡」。直到２０１２年閱讀托勒《當下的力量》，身與心之間瞬間產生了連結，此後我幾乎「時刻與自己連結」，這個體驗日復一日讓我感到深刻，身心之間的「隔閡感」消失了！直到２０１７年我閱讀美國一位心理學家丹尼爾・高爾曼的書，方知這個體驗與大腦的關係。彼時我在新加坡旅行演講，趁空在旅館內靜心，以我平常連結的方式進入，我得到美好的體驗，因此我常在工作坊推廣，如何與自己的感受連結，以進入更深邃的體驗。

當我看到胡先生在書中分享自己「全程靜坐」的狀態：「無論任何時刻，沒有講話的時候，都在感受自己的情緒，或者在談話停頓間，也在感受自己的情緒，不管是張開眼睛，或者是閉著眼睛，都在全程靜坐」，我感到非常的開心；原來我從托勒書中受到啟發，每日最常進行的「時刻與自己連結」，正與「全程靜坐」完全一致。在書中胡先生提到諸多概念，都讓我聞之欣喜，比如長久靜心之後，人的覺察會立即提高，能洞察自己的言行，知道那是自己的錯，但是並不會自責。這樣的說法對我而言即是「負責」，當覺察力提高之後，人也變得更負責了。

覺察力除了幫助自身更有洞見，當一個人具有洞察力之後，也能夠在對話中更容易啟動對方的洞察，我以爲這些都是靜心帶來的禮物，當然，我也有些微不足道的神秘體驗，因此看見胡先生在書中的分享覺得很美。

最開篇胡先生述說成長和創業歷程，我認爲這個部分是「生存」；胡先生書寫如何學習靈性，我認爲這是「生命」的部分；胡先生提到創業成功後開跑車、吃美食或享樂的方式，人以什麼樣的方式存活，我歸類爲「生活」。從求生存到生活方式，乃至於回歸生命本身的探索和成長，這整個歷程他無私分享，我感覺既精彩又讚嘆！尤其他對科技的反省，且投入心靈科技的創發，我相信會對很多人很有啟發，我非常喜歡胡先生這本書，也從此書獲益良多。

親子關係／心靈作家　李崇建

身心覺醒的踏實天梯

閱讀作者胡先生撰述他於二、三十歲時，因工作過度導致長時間失眠和全身疼痛，長時間四處尋醫，卻沒有任何藥物可治癒，書中描繪身心痛苦和絕望之景況，讓我回想起2002年自己曾經歷的第二次憂鬱症。當年我去長庚醫院看精神科，醫生只能開「百憂解」給我服用，每天除了一直睡，內心有莫名的痛苦和悲傷，一直無法根治。同時間還有長期的便秘，即使餐餐吃大量的青菜水果和酵素飲，都無法改善，後來還發現婦科長了約五公分的巧克力囊腫！

在醫療科學求助無效的情況下，只能辭去十年的行銷業務工作，踏上自我療癒的心靈覺醒道途。後來發現，人類現在的醫學都還只停留在身體層面的治療，也就是「頭痛醫頭、腳痛醫腳」，哪裡不舒服長腫瘤，就服用化學西藥或割除器官等。然而，現代疾病除了生活環境太差、飲食不當等因素之外，大部分的病因都與壓抑情緒、沒講實話，和思想扭曲偏差有關，這些問題普遍存在於社會各個階層。

胡先生在書中也提到上班族為了保住飯碗，在工作上壓抑情緒和不敢說實話等，雖著眼於探討企業體成長的阻礙問題，然而長期下來，也會造成身體上諸多不適，帶來上班族的憂鬱症和身體疼痛等疾病。

學了心靈療癒後，明白人不是只有身體，還有肉眼看不到的「情緒體、心智體、靈魂起因體和大我體」等多重的精微體，於是我去學了澳洲花晶的「情緒療法」，開始每天傾聽我的身體，從根源去化解心結，每天釋放從小到大對母親未曾表達的情緒。奇蹟課程的「寬恕療法」對我亦有深遠的影響，知道父母親是自己內在陰陽面的鏡子，從父母身上返照自己內在，看到傳襲的習氣、執著，看清這些受害感的原型，於是交託到聖靈大我的光明中去消溶和化解。

心靈療癒之路二十年來，深刻體悟「從身體、情緒體」的覺察與釋放，是身心鬆綁與生命轉化的重要關鍵，並且還須能與父母親和祖先業力等課題走向眞正的和解。唯有勇於面對內心的創傷與恐懼，全面接納和擁抱不願接受的暗影碎片，才能對自己培養無條件的陪伴與慈悲，如此生命必會走向重建與完整，才能擁有輕鬆而不費力的豐盛，宇宙本體的智慧和力量也會隨之降臨。

《覺》所談的是另外一條殊途同歸的生命豐盛之路——「全程靜坐」，胡先生在靜坐中將「大腦」和「我」分開，觀看所有雜念和情緒的起伏，經過消化後找到問題的根源，然後能夠全然接受自己，進而學會「愛」的課題！他認知到跳脫大腦的影響，找回「我」的存在，這中間過程有一個「覺」的狀態，如果經由練習將「覺」延續到日常生活中，便能提高覺察力，比較不容易陷於無明帶來抉擇錯誤的痛苦，也就是獲得心靈的輕鬆自在。

我認爲每一個人都需要找到一個方法，理解生命是怎麼一回事，勇於面對造成痛苦、恐懼、擔憂的根源，才能夠談釋放和淨化；也唯有透徹清理下三輪（海底輪、腹輪和太陽輪），才能夠找回平衡和健康，向外抓取的慾望會逐漸淨化，才能往上發展上三輪（喉輪、眉心輪、頂輪）的連接，靈性的學習是無法逃避或繞路的。而這個部分胡先生從身體走到靈性之路，找到屬於他身心覺醒的踏實天梯。

這本書讓我驚艷的篇章，應是胡先生一連串調頻工具的發現和設計，我也曾經體驗了其中的「覺之花」和「覺脈環」戒指，也感受能量穿透力的運作。這讓我憶起人類二個遠古黃金文明祖先「列穆里亞」、「亞特蘭提斯」時期的歷史，過去人類曾經擁有神性的高科技，建造太空船，金字塔，漂浮技術，人人皆能心電感應等，但由於濫用宇宙高科技能源，遺忘了與心輪和情緒感受體的連結，又誤用水晶能源，忘了尊重大地之母，導致大陸下沉，人類集體意識下降退轉了一萬二千年。

而現在地球正要從耶穌的雙魚時代進入寶瓶世紀，雙魚時代講求透過淨化身心四體的小我，到達「天人合一」的通透高度。當我們做好了自身的淨化功課，宇宙自然會賜下靈感、創造力，更高級的豐盛藍圖前來，加上現在各種心靈科技，調頻工具的出現，是寶瓶世紀「靈性與科學結合」的前奏，這些工具會協助我們鬆動身心四體，或空間風水的提升與淨化。期許不論是調頻工具的設計者或使用者，仍然要持續練習覺察與淨化，具備小我消融後的意識精純度，如此結合靈性工具的使用，才能夠達成身心鬆動和轉化的相加乘效果。而身心四體的清理、覺察，在淨空心靈後，聆聽天音所帶來的靈感與創造力，這將是寶瓶世紀，黃金新人類全球共修的揚昇方向。

深深的祝福一體，走向集體揚升覺醒的黃金大道中。

光之子地心宇宙學院

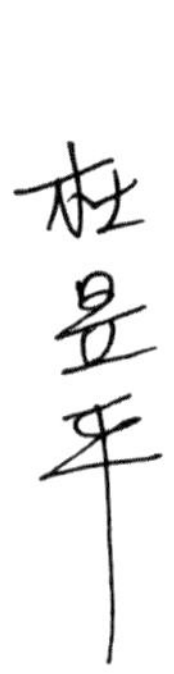

推薦序5

新的世界要開始了嗎？

七月一日起，參加楊定一博士2022年共修「定在心：新世界，新的正常，全新的開始」，七月十三日，接到本書的推薦序邀約，書中亦提到不少楊定一博士的教導；「法不孤起，仗境方生，道不虛行，遇緣卽應」，看到身邊一位位理性、知性的朋友們都開始探索心靈，這一切只是因緣巧合，還是新的世界眞的要開始了？

當今世局的劇烈變化人人有感，在此無需多贅述，但其實從古至今，這個世界的變動從未停過；放眼未來，也不會停止——無常就是正常。不管大自然的山川河流和大地，或自有人類出現後的歷史變遷，乃至於你我的身體與內心，每分、每秒甚至此時此刻，從未停止自身的流動和運轉。既然所有一切只不過是生滅變化的過程，那麼，「我是誰？人生的意義到底爲何？」

在本書之中，作者分享了生命探索的豐富旅程，從物質世界逐步進入精神領域，對上述所提出的二大哉問，他也已領悟到答案。我個人覺得這本書相當精彩，非常值得一讀。在這世上，物質豐盛的富人已是人口少數，心靈豐盛的修行人更是稀有，若要兩者兼備，那眞是難得可貴了，而本書作者就是其中一位。我跟他個人的接觸並不算多，但書中多次提到的 Yves，卻是這幾年來在工作與心靈上交流不少的好夥伴，很高興透過 Yves 的引薦，能有這樣的美好交集。

本人對物質及能量世界的所知有限，相關的專家們還很多，但對心靈世界的探索，則多少有些經驗和體會，也深知人生幸福的奧秘就藏在內心裡。若我們能從覺察身體開始，並進而洞察內心，明瞭太多不必要的困擾其實只是來自腦袋瓜中的念頭和想法，漸漸地，若能不被腦中念頭與慣性所控制，進到內心深處的眞實與覺知，你將會體驗全新的喜悅與平靜，洞察到更深層的智慧與意義，那麼對你來說，新的世界就眞的開始了。

臺灣正念工坊創辦人

陳德中

自序

活得更輕鬆

從未想過寫書，開始寫也只是想留下生命歷程的體悟和訊息，讓大家有機會繼續深入探索，或以此書作爲「認識身心靈」的一本床頭參考書。我沒有加入任何宗教團體或創辦什麼教派，文筆也並非行雲流水，字字珠璣，但因體會到的靈性經驗很特別，眞誠的想把這份珍貴的領悟分享給大家。

我是一個平凡人，出生於馬來西亞一個偏遠鄉村的小康之家，從小在樹林裡玩泥巴、打彈珠、釣魚、捉山雞、做木槍……，是一個被父母野放、孤單長大的小孩。因家人染上賭博，從中學起便生活在討債公司的騷擾恐嚇中，家人也時常爲了金錢而爭吵不休。因此在2000年底大學文憑還沒有拿到，就開始跌跌撞撞的開始創業，奮不顧身地賺錢，二年後便買入人生的第一棟透天房子。

雖然不如比爾蓋茲般富有，但白手起家、旗下的公司亦有幾百名員工，橫跨軟體設計、家具業、珠寶業、飯店等行業；曾經擁有很多，包括各種名貴跑車和名牌物品等，或一口氣買下幾萬美金的手錶也毫不手軟；雖然財富自由，但內心沒有眞正快樂過，對人生不禁感到懷疑：WHY are we here？

過去由於每天忙於應酬喝酒，只要有機會就衝出門去賺錢，因而年過三十歲，體重就飆高至95公斤！不但走路容易氣喘，而且經常失眠，身體常處於疲憊不堪和全身疼痛的狀態，甚至做任何事情都無法專注。當年家庭醫生驗血時，因血液太過濃稠，以致於針筒抽不出血來，好久才抽到一小瓶。最終化驗報告揭露我的體內膽固醇高、尿酸高、血脂高，可以講得出來的項目都很高！

原以爲這一切病症是因爲過度肥胖造成，於是運用「時間演算法」，每天詳細記錄用餐時間、食物、排便等情形，不斷嘗試找到一種最輕鬆的生活作息和飲食方式，達到有效的減肥方法（今日流行的168減肥法）。八個月後，竟成功減重20公斤，體重降到75公斤。然而體重雖然減輕，每天一張開眼睛，仍須面對全身的疼痛感鋪天蓋襲來，十分痛苦！有很長一段時間，「賺錢」成爲我生存的唯一動力。

從二十幾歲起便不停地問自己，我爲何會在這裡？生存的意義是甚麼？擁有這一切金錢眞的會快樂嗎？有多少人能夠眞正活得快樂？身邊的人擁有越多，就越害怕失去；因爲由奢入儉難，於是每天活在追求與害怕之中！也許這就叫「痛苦」！難道這就是人生？

許多人內心有諸多渴望，在這當中卻不停地失望；人們害怕失去，所以想擁有更多，隨之而來的是無止盡的擔心和害怕！即使錢追到了，然而下一步呢？這個世紀億萬富翁太多，每天爆炸的資訊刺激著許多人去做比較，內心升起不滿和妒忌，帶來無端的痛苦。因此，大部分的人雖然很努力賺錢，卻沒有享受到生命豐盛的過程；賺錢這件事情反而耽誤了他過好每一天、每一個時刻；而我的生命，被耽誤了幾十年。

只要能清楚知道自己的渴望，你就不再被渴望控制了；如果人生劇本已經寫好，那麼，我們需要轉換心情，並決定用甚麼態度去面對它。舉一個自己例子，由於我的爸爸並非典型的父親，今天面對孩子，我發現自己也不懂如何去做一個爸爸！所以現在的我，就要學習怎麼去當一個稱職的爸爸。每一個人在面對複雜的生命課題都會做出個人的選擇；但是，帶著「覺」、「知」去做決策，才能成爲自己人生的導演，而不是依照劇本演出的演員。

大部分的人都想聆聽智者講話，然而聽到並不代表聽得懂，過去的我便是如此。這本書中，也將提到智者如薩古魯大師和楊定一博士的教導，以過來人的角度，我用比較簡單的話來講述過去的經歷和對生命的領悟。對身心靈課題有興趣，想知道智者在講甚麼；或在人生道路上迷途，不知道自己活著的意義；或者如我一樣的凡人，對目前的人生感到痛苦；在你想要改變的那一刻起，這本書能夠幫助你少走一些冤枉路、少花冤枉錢，透視生存的意義，和找到生命的價值。

經過八個多月「全程靜坐」的練習，十餘年來的身體疾病奇蹟式地獲得解決，並且在靜坐中我發現另一個高維度世界的存在。我原只相信科學實證的一名工程師，然而在不同維度的世界裡，看到不同於地球的各式各樣房子，各種幻彩的幾何圖形、能量符號，甚至看到發光的天使、觀世音菩薩和外星人等等，這一切的神奇經歷，都在我的生命經驗之外。

爲了尋求解答，我開始投入大量時間研究身心靈課題，購買舍利子、天珠、水晶、隕石、天鐵天銅、脈輪療癒等產品，大量瀏覽靈性大師的影片；最終發現原來物質世界的一切，存在的本質都是肉眼看不見的振動頻率。後來我把另一個維度世界所發現的能量符號，經設計轉化成爲對人健康有益的能量物品。從財富自由到獲得生命的豐盛，我曾經花費許多時間和金錢去研究和感受身心靈的世界，並非一般人願意或有機會這麼做。"What is beyond mind？"

過去的教育方式讓我們習慣從外界獲得答案，而不是反思問題出在哪裡，導致問題積累日益嚴重。其實，當我們知道原因，放下之後就可以繼續往前走，事情才會有所改變。從這個角度出發來撰寫這本書，目的是希望讓很多跟我一樣執著於「以賺錢爲人生唯一目標」的人，在碰上人生的困惑時能有所啟發。

從創業小有所成、歷經十多年的病痛纏身，到今日在「全程靜坐」中獲得身心痛苦的解脫，乃至看見另一個維度的能量世界，這個過程帶給我太多深刻的領悟和覺悟的力量；這一切生命歷程和感動，都希望能在這本書中完整與讀者分享。

若能藉由這本書，開啟人們對身心靈的探索的興趣，學習帶著「覺」去生活，獲得生命新的領悟，讓心靈更富有、自由，活得更輕鬆和自在，這便是我的無上榮幸，也是《覺 Beyond Mind》這本書最重要的價值。

作者

2022年3月於臺北市

壹。經歷

墜落中我拚命努力
燃燒著繽紛的創造力
轉眼間已展開我的魔幻旅程

第1章 成長

馬來西亞的童年

我來自馬來西亞柔佛州一個名叫北干那那（Pekan Nanas）的鄉下，「那那」是馬來文「鳳梨」的意思，北干則是「鎮」。北干那那位在埔來河北邊，距離笨珍市區約廿五分鐘車程，通過「馬新第二通道」跨海大橋，開車到新加坡只需一個多小時；因早期盛產鳳梨，有「黃梨之鄉」的稱號。

我成長在偏鄉馬來村裡的一個華人家庭，爸爸媽媽開了一間做馬來人生意的雜貨店，因此從小就有吃不完的零食、泡麵和罐頭汽水。在家中我排行老么，上面有三個哥哥和三個姊姊，最小的姊姊年齡與我相差六歲；唸小一的時候，她讀中學，上中學時，她已高中畢業。因此，我與哥哥姊姊之間有很大的代溝，記憶中每次和小姊姊吵架，爸爸總認爲年紀最小的最不懂事，我永遠是被責罰的那一個，常常被她欺負。從小總是一個人，並沒有跟哥哥姊姊們玩在一起。

我的媽媽超級迷信，生活上的大小事都要去問神明，後來連哥哥姊姊也都很迷信。記得小時候，時常被媽媽一手拎著就去廟裡拜拜，不管是傷風、感冒，摔倒、買房、賣地，幾乎每一件事情都要去問乩童。在她的手上有一張排序名單，如果看這個乩童沒有用，就換下一個，但如果通通都沒有用，這個時候她才決定：好，就進醫院吧！媽媽最喜歡的是一位「黑臉法祖公」[1]的乩身，甚至請神明收我爲乾兒子。這位乩童因跟其家人不和，後來搬到柔佛州南端最大的城市新山，卽便如此，媽媽仍不捨不棄地帶著我去找他問事。

六歲的這一年我學會騎腳踏車，發生人生第一次的超自然經驗。某天我騎車失控，不小心小雞雞撞到一棵數百年的老橡樹，竟然它開始內縮！那個時候眞的就被嚇到了，一直抓著它，然後跑回家求救。媽媽二話不說，就帶著我去找神明（而不是去看醫生）。乩童馬上起乩辦事，他給我喝符水，並告訴我們要回到那棵老樹跟祂道歉，因爲樹裡面住著一個靈魂（或是鬼）！當天媽媽馬上帶我回去拜拜，隔天睡醒後，一切都恢復正常。有許多細節已經記不清

1. 黑臉法祖公：全稱爲都天蕩魔監雷御史張聖法主眞君，降魔救劫天尊，俗稱法主公，客家人稱法師公、張聖君。福建永泰縣道士（一說爲閩清，1024 年－1069 年），亦僧亦道，相傳在世有神通，以善於各種咒語、法術，能除妖伏魔成爲道士的守護神，此信仰尤其流行於泉州安溪族群聚集處。

楚，當年只覺得這件事很丟臉，不敢向人提起，害怕被嘲笑一輩子。

小時候很常一個人跑到橡膠樹林玩耍，有時候做魚餌釣魚、或做陷阱捉山雞、用鋼絲做鳥籠捉鳥，製做玩具手槍等，連打中國結和織毛衣也都學過！總覺得兒時有無限的想像和創造力，甚麼東西都能做，也甚麼都不怕。不像這個年代的小孩，大部分都能買到現成的玩具，反而沒有機會去探索生命中的新鮮事，或者體驗親手做玩具的樂趣。

小學五年級開始接觸電腦，由於我讀的小學獲得一筆捐款，添購了電腦設備，更幸運的是有老師願意來到鄉下來教學，讓原本在樹林裡做玩具的我有機會能坐在電腦前面學習電腦，很自然的開始在虛擬世界中寫程式。1988年我動手寫了第一個簡單的繪圖程式Logo，當時只需輸入指令和座標，就可以畫出自己想要的圖形。後來學習Basic程式，大約學了兩年。這段期間我對寫程式產生濃厚的興趣，似乎也注定自己未來在網路時代的科技之路。

兒時對宇宙萬物也充滿好奇，記得在小學的圖書館裡，有一本有些年代的百科全書，它看起來既厚重又古老，書裡面的每一章節都下了一個大標題，其中有一章的標題是「天上的星星有幾顆？」啟發孩童的我對夜空的想像。記得書上說，肉眼看到的星星有四千多顆（也許現在更多），後來我向圖書館借出這本又厚又舊的書去影印，現在回想，十分訝異自己在小五年級便已學會做這件事情！印象中馬來西亞學校圖書館的書本從來不報廢，書架上還有些1960、70年代的舊書，就知識的普及和現代化程度來看，臺灣的教育體制相當了不起。

小時候興趣相當廣泛，除了唱歌和跳舞不會之外，其它如彈鋼琴、打鼓、吹喇叭，國術、跆拳道、舞龍舞獅等樣樣都會，但都沒有特別去培養和發展。也許是愛玩過頭，小學一年級雖然曾經考全班第一名，曾幾何時變得不太會讀書，成績一年不如一年，到小學畢業時就已無法考上心儀的獨立中學。

離家讀書

十二歲開始離家到外地的中學讀書，原本打算去唸二位哥哥就讀的獨立中學，那是一間學生四五千人的大學校，學風優良，但可惜沒有考上。後來退而求其次，想去唸小姊姊曾經就讀的獨立中學，離家較近、方便通勤，但她說這間校風不好，校園裡有很多小混混，最後去到北方離家約莫一個多小時車程，一所臨海的小學校就讀，成爲該校第一批寄宿的學生。這所學校規模雖小，只有三百多名學生，但同學間的感情很好，尤其身邊許多高中生教會我很多事情，開始有了「好朋友」的感受。

讀書期間也遇到幾位教書充滿熱誠，是我一輩子的好老師。其實華文學校的老師月薪很低，二十多年前大約只有新臺幣一萬多元，到現在仍不到二萬。由於待遇太差，有些老師半途離開校園去從商，但也有堅持留下來，將畢生歲月奉獻給教育，這些老師們眞的很愛護學生。馬來西亞中學教育[2]分爲「國中」和「獨中」二套系統，前者由聯邦政府直接撥款贊助，後者則由馬來西亞華校董事聯合會總會（通稱「董總」）管理，透過募款辦校，以中文教學和推廣中華文化爲使命，多半是很窮的獨立中學。

在「國中」教書的老師擁有公務員的諸多福利，譬如買車買房都享有優惠，還有優渥的退休金等；而且學校建置一套完整的師資培訓系統，提升老師們的教學能力和學生吸收成效等。由於中學爲國民義務教育，在「國中」系統讀書學費全免，我的二個姊姊就讀的便是這一類國中，可惜大姊需幫忙

2. 馬來西亞提倡「強化馬來語，提倡英語，並掌握母語」的教育制度，法律明文規定國民必須接受五年中學和六年小學義務教育，由聯邦政府直接撥款贊助，其它還有獨立中學、私立中學和國民型中學，在馬來亞獨立前後（1956-1962）接受政府建議「改制」的民辦華文中學，其全部或者部分的經費依靠學費或募款來維持經營而非公共資金。

家裡做生意，二姊則比較會唸書，畢業之後到新加坡大學半工半讀。

而我的二位哥哥、小姊姊和我唸的華文學校，則屬於自費的「獨中」系統。相反的，在「獨中」系統教書不僅薪水低、福利差，而且欠缺完善的師資培育訓練，老師們多半自食其力，靠自己進修解決教書上遇到的難題，不過近年來已有改善。我對於曾去臺灣留學，畢業之後仍回到華文中學教書的老師們感到十分敬佩，他們放棄臺灣較優渥的工作環境和待遇，回到一個生活水準各方面都比較低的鄉下服務，需要很大的決心！恐怕在臺灣賣泡沫紅茶或端盤子，都比獨中老師的薪水更好一些。

由於就讀的獨中離家較遠，只得在校外租屋，印象中從初中到高中的五年期間不停搬家，住了很多地方。剛開始每逢假日回家，搭乘的是那種沿途可以上下車的計程車。好不容易等到十六歲，我迫不及待考取了機車駕照，自此一下課就沿著濱海公路騎車回家，隔天再返校。海邊道路被來往的大卡車輾壓出大小坑洞，在這段期間因此也發生了二次摔車意外。

自十七歲考取汽車駕照後，我便開著家裡打檔的老貨車——Nissan C20往返於北干那那和校園之間，也許因隻身在外地求學，得到學校師長們的許多照顧。鄉下地方的晚上，並沒有甚麼休閒娛樂，而且網路也不發達，反而讓老師們有比較多的時間跟學生相處；也因爲有一輛老貨車，才能夠在課後的晚上，時常載老師出去吃印度煎餅，享用馬來飲食文化的日常。其中有一位老師畢業於臺灣海洋學院（今改制海洋技術大學），在中學裡面教化學。念中學期間，他因發生一場嚴重的車禍而動過大腦手術，一度在鬼門關被救了回來。我中學畢業後，又聽聞老師開車不小心撞到騎車的土著，當場被打瞎一隻眼睛。他是我一輩子的老師，雖然這門學科成績並不好，唯一學會的就是背元素週期表（其他科目都還有及格的可能），但他教會我許多人生的大道理，至今仍受益良多。

中學在成長過程中帶來許多珍貴的回憶，包括生命中第一次「好朋友」的感覺，學長的提攜和師長的照顧等。創業之後只要有一點成績，總會想著爲母校蓋籃球場、捐贈教學設備和儲物櫃等，讓學弟妹擁有更好的受教環境；如同當年曾受到師長們的照顧，我希望自己能盡棉薄之力，回饋母校。

中學不再迷信

小一到小六的孩子還沒有自己的社交生活，也無法完整描述自己所看見和感受到的世界；這個世界長甚麼樣子，很多觀念和想法都是來自於父母的影響。唸中學之後，才開始學會表達自己的世界：「我的生活是這樣，爸媽告訴我是這樣……」，然後跟同學比對經驗，慢慢建構屬於中學生的世界觀。

自從接觸科學之後（對物理尤其有興趣），我的宇宙發生了很大的變化，那些媽媽從小灌輸給我傳統信仰的觀念，跟我在學校所學的科學互相抵觸。譬如小時候生病常喝符水，但其實應該要相信醫學；或者以手炒菜、躺針床、胸口碎大石和走火炭表演等，從前以為是神力所致，然而這些技藝在課堂上被物理老師一一拆穿。現在我認為，這個世界運作的現象，只有一個人知道可稱為「神學」，少數人知道便稱為「玄學」，很多人都知道則稱之為「科學」。

以最常見的「走火炭」[3]為例，表演者在火炭下面撒鹽巴，讓炭火的熱氣被鹽巴吸附而降低了炭的溫度，所以在火炭上行走並不感覺到那麼燙。又譬如，油鍋裡面為何會有泡泡？並非油本身特別滾燙，而是在油裡面加水，由於油和水密度和沸點不同，當水煮沸後，油面上就會冒出許多泡泡；觀眾誤以為表演者用油去炸自己，但其實只是被熱水燙到而已。這些表演成為民間

3. 走火炭：又稱走火鏈、下火海，是中國廣東湛江個別農村元宵期間深夜舉行的一項慶祝活動，活動有一套特定的儀式和程序，由師傅頭表演，以雷州白沙鎮瑚村最出名。

的文化習俗的一部分，但主要的目的還是要民衆相信他們擁有神力，能夠幫助人們發達。

有些人覺得自己很窮，就到廟裡去求神明幫忙發大財，透露這一期的中獎號碼。馬來西亞的馬票其實只有四個號碼，自然還是有人會中獎，只要其中有幾期中頭獎，就會有信徒持續到廟裡來捐錢，宮廟的香火就越來越旺，民間的傳聞就越來越靈。爲了博得信徒的信任，有些乩童更誇張的拿刀子割舌頭，以「血」來增添通靈的力量。當然也有少數眞心想幫助民衆消厄解難的宮廟，我曾經看過有的乩童生活十分樸實，每天開著十幾年沒汰換的舊車，整輛車都老到快散了，然而他們對金錢完全沒有慾望，只收馬幣十元也願意起壇服務，帶給人們生活上的精神寄託。

小時候雖然時常被媽媽帶著去找乩童，但心裡壓根就不相信符水可以治病。回想過去媽媽曾講過的一些話，我發現她眞的超級迷信；媽媽純粹著迷於別人的信仰，但自己對宗教其實是不懂的。也就是某人因爲知道了甚麼，讓她相信了，但是那個人並沒有對外說清楚相信的原因，然後其他人看到之後，內心喊了一聲「哇，好神！」，純粹看到某人的相信，然後就跟著去相信。

也許外婆是這樣，所以媽媽就跟著這樣，連同我的哥哥姊姊也是這樣。即使新世代的信仰較爲現代化，但是求神發大財的「迷信」心態是一樣的！

但如果遭遇任何問題都跑去宮廟，把問題丟給神明解決，並不是一個正確的做法；即使現在拿到一點「因」，但總還是有一個「果」是要還的。在宇宙的平衡定律中，當我們已經置身於某個狀態，硬要透過外力去改變現況，也許勉強如願，但如果在這個過程中沒有種下「善因」，日後仍會產生有一個平衡力量的「惡果」；或許這一世沒有發生，下一世可能會有。

其實去廟裡主要爲了獲得內心的平靜，幫助我們以較高的智慧來解決生活上的大小難題。我們大部分的問題，肇因於內心的執著；因不接受已發生的事實，於是跟外面的世界產生了一個磨擦力，導致心裡的不舒服。如果能夠放下執念，或者換一個想法，其實可以避免不必要的內外衝突，生活也可以過得平順和舒服的。

所以佛學說，人不應該去求任何事情，講的是直接去接受；不要拜佛，因爲佛不是去拜，而是由修道而得。其實「佛」無所不在，當我們「放下屠刀、立地成佛」，「佛」就住在我們的內心裡面。

家人的噩夢

我的爸爸個性溫和寡語，年輕時候開貨車維生，自八歲以來，對爸爸的印象就是一直在生病。在我開始懂事之後，就離家到校外租房子，因此跟爸爸相處的時間也不多。我的媽媽出生在二戰後，在戰亂的年代裡，女性比較沒有機會受到基礎教育；又因早婚生子，大哥出生的時候，大腦發育不全並患有小兒麻痺症，臉上的一大片胎記影響到視覺，因而無法去學校上學。

我的家人年輕的時喜歡賭博，在外面欠了很多賭債，被討債公司一天到晚到家裡找麻煩。讀初中時欠債問題還沒有這麼嚴重，雜貨店的收入，加上賣掉一些資產仍可支應，但自從升上高中後，家人因借高利貸而時常被討債集團滋擾，全家人深陷在擔心受怕的日子裡。每天爸媽一起床，爲了「錢」爭吵不休，哥哥姊姊們也爲了錢鬧得不愉快，後來連嫂嫂、姊夫也一起加入戰局！這些日常的金錢衝突，在我的成長歲月裡帶來「錢災」的噩夢，它時刻提醒著我：只要有錢，就能解決一切問題，大家都可以無需再爭吵！於是「追錢夢」在我的世界建構起牢不可破的信念，成爲活著的驅動力，並占據我全部生命的意義。

過去，成長環境帶給我的家庭觀念不太正確，以爲父母和孩子之間的關係就是這樣。我的媽媽十幾歲就嫁給爸爸，她一連生了七個小孩，自懂事以來，每天起床就聽見媽媽的抱怨和嘲諷，也天天聽到他們說要分開。父母那個年代並沒有結婚證書，也不需要登記，因此也無須辦理離婚手續，但心裡面對媽媽的行徑十分不能諒解。

由於十二歲就離開家裡，除了金錢還無法獨立以外，遇到任何問題都自己想辦法解決；一直以來我很清楚知道甚麼事情應該做，甚麼不該做，也發現自己其實並沒有經歷所謂的青少年叛逆期。也許一直住在外面，擁有更多時間跟自己相處，因此保留著獨立的個性和興趣。獨立的定義對我來說就是：「『你的』人生由『你』做主。」中學時期做事情沒有想很多，單純爲了解決讀書和生活上遇到的種種難題，然而今天當我成家立業、眞正獨立且能照顧他人之後，我會更深一層去思考，那個決定自己人生的「你」是誰？

留學加拿大

高中畢業那一年我告訴爸爸想要去國外唸書，當時爸爸的第一個反應是：「你在國內都不會讀書了，還要到國外唸書，這是在浪費錢。」

那時候我正在準備統考（相當於臺灣的大學聯考），有一位加拿大中學的負責人來學校說：「申請大學之前，如果先去加拿大讀九個月的先修班，比較容易申請到學校。你不用擔心考出來的成績怎麼樣，學校都會收你。」

回家後我就跟爸爸說：「你給我去試試看，先去讀加拿大的大學先修班，如果還申請不到學校，那麼我就放棄留學的路。」

爸爸回答：「你還是不要去唸書了，好好去學修車，找個正當的工作。」

從小在雜貨店幫忙做事，即使中學寄宿時期，每逢假日或寒暑假，還是回家幫忙顧店、送瓦斯；然而高中畢業之後，爸爸反而沒有要求我留在家裡幫忙。

最終，我還是遠赴加拿大，先去讀一年大學先修班。去唸之後才知道這是一所不難唸的學校，但同時也發現自己是聰明的。第一個遇到的同學是 Yves Lin（林裕丞），他至今仍是我在事業上的重要夥伴。

班上大多數同學的家裡都很有錢，他們去加拿大並非認真要唸書，而是出國遊學和去玩的。總算，在這裡自己算是比較認真唸書的學生！每逢考試還是有用心看書，而其他的同學都在亂寫答案，甚至不去考試，大多不及格；其實只要稍有唸書，至少都有90分。結業時連自己都無法相信，大學先修班六個科目的平均分數竟高達88分！這個成績對於申請大學很有幫助。

等待大學入學通知期間，我暫時返回馬來西亞的家。１９９７年剛好遇到亞洲金融風暴，馬幣匯率貶值一倍！原本不夠錢買機票回國，於是向臺灣同學Yves借款先應急。回到馬來西亞之後，發現家裡已經沒有任何存款，生活十分拮据。爸爸五十歲時中風，自有印象以來，他一直都在生病和看醫生，此時身體更是每況愈下，還且得了帕金森氏症。這個病症無藥可醫，也沒有轉好的可能，然而九個月後，我又必須回到加拿大唸書，所以心中無比的擔心。

當時三位姊姊已經嫁人，二個哥哥都在外面工作，家裡只剩下殘障的大哥。我開口要求媽媽：「無論妳在外面怎麼做都沒關係，但是妳要照顧好爸爸，不然我就再不認妳是媽媽！」我承諾留學回來一定會擔負奉養父母的責任，但前提是她必須照顧好爸爸，然而，她並沒有理會我的要求。後來和媽媽的關係不太好，二十歲之後便沒再跟她說話，可以說對她帶有極度的偏見。

媽媽一輩子做任何事情都要去問神明，在生活中幾乎忌諱所有的事，連腳翹到茶几上、或在某個地方拿刀子，她都有一套觸怒桌神和刀神的說法。媽媽畢生都依賴信仰，照理說她的信仰應該讓她過得安詳和快樂，但最後卻患有糖尿病、單顆眼睛失明，後來在六十五歲這一年離開這個世界。直到2021年學習靜坐之後，領悟原生家庭所帶給個人的影響，從而發現媽媽一輩子都生活在沒有「覺」的狀態下，也許她一生的經歷都不是她眞正想要的，對於過去的種種已然釋懷。

在家等待九個月後，終於收到大學入學通知。原本第一志願是服裝設計，可惜加拿大大學沒有這個科系，其次是建築設計相關科系，我對手工藝（如做模型）還是有些信心的。但因爲錢不夠，只得退而求其次，選擇一所提供一千元加幣獎學金、學費相對便宜的大學就讀，放棄排名前五名後來也是 Yves 就讀的學校。另一方面考量自己對電腦還是有一點小天分，於是決定去念資訊工程類中的軟體開發科系（Computer Science）。

在加拿大唸書不太需要講英語，書本也大多是用「看」的。因語言文化的關係，海外的華人比較容易聚在一起，彼此連絡，卻很難跟老外有深入交往。我和外國同學見到面時大多 Say Hello，然後僅止於彼此問候，或關心對方功課是否完成之類的簡單會話。比較常跟臺灣和香港人在一起，反而因爲來自不同的州，說話的口音、生活經驗和關心的話題不同，我與其他馬來西亞的同學比較沒有這麼親近。

大學的最後一個學期，因爲無法再支付學費而返國，必須到馬來西亞私立大學補修最後六個科目、總共十八個學分才能夠畢業。這一段期間借住於（前）姊夫的房子，沒想到二個星期後，（前）姊夫開始要收房租，對當時還是學生的我，根本無力負擔，硬生生被迫搬離那個房子。當時心理很難過，爲什麼自己的家人、（前）姊夫需要如此對待自己的小舅子？我只需要再三四個月就能大學畢業了！

又是因爲「錢」！當時發誓一定要成功，不要再被人瞧不起，被趕出來無家可歸。我下定決心這輩子就是要當個有錢人，告訴自己這一生就是來學習賺錢的，並開始追逐金錢的人生。雖然這並非一件好事，但在人生最困頓的時期，這個決心帶給我生存的動力和奮鬥的勇氣——只許成功不許失敗！

這些年在身心上作了很多的調整，認知到家庭因素和遭受鄙薄的過往，在潛意識裡埋下對金錢的渴望，內在有一股推動力迫使自己每天拼命賺錢。

今日驀然回首，覺得當年雖對金錢有渴望，但也許無須逼迫自己去追求一個龐大數字的財富，耗盡所有精、氣、神換來的只是全身的諸多毛病，而這一切只是爲了一個外在的目的，卻讓自己忽略什麼是「愛」。

原以爲賺到很多錢之後，可以幫助家人好好過生活，不再天天吵架，但發現當年想透過外力去改變一個現況，即使滿足了渴望的源頭，最終並沒有改變自己或身邊的任何人，而只是創造了一個新的迴圈——不停工作、持續賺錢，累積更多財富之後，又馬不停蹄地工作和賺錢，不會停歇。其實，如果知道渴望的源頭，可以重新檢視自己眞正想要追求的是甚麼？在賺錢之餘，也會讓自己去做有興趣的事情，而不是一昧只是賺錢；爲了賺很多錢，逼迫自己進入不同的產業，嘗盡各種方法去賺更多的錢！當這樣的渴望掩蓋所有內在的聲音，發現心和大腦不在同一個軌道上，造成身體很大的負擔。

今天終於明白自己對手工藝有很大興趣，也有能力完成獨一無二的產品，只需要專注於研發，便可增加成就感。回首當年須負擔照顧家人，但若能覺察不必要耗費全部生命去賺錢，而是發覺人生還有如興趣、家庭和親情等值得去追求，相信會更容易去接受自己、改變自己的習慣，好好地過每一天。

第2章

創業&移居

天時、地利、人和

千禧年（2000年）我回到馬來西亞補修畢業學分，只剩下三個多月就能取得大學文憑，但因無法支付房租而被（前）姊夫趕出他們的房子。爲了賺錢養活自己，過去的成長經歷讓我決定去創立一間公司，主要業務是提供資訊類型的網頁設計服務；即使當時我對開公司一無所知，連報價單也都沒見過。2000年剛好是網際網路泡沫化的一年，大馬境內網路基礎建設也尚未發達，在加拿大生活三四年，原以爲國內已接受網路科技的新趨勢，卻發現這只是自己一廂情願的想法。

創業第一年，我想盡辦法要賺到錢，哥哥也幫忙介紹了一些生意，有時候別人還沒有答應要做，連報價單都還不知道要送，就已經把客戶的網站設計好。原本希望客戶看到成果後會買單，結果很多時候都以失敗收場，這段期間收入僅能勉強維持兩餐。後來，一位中學同學知道我在設計網站，介紹了一個客戶，沒想到老闆們的比較心態——這家公司有網站，其它公司也要跟進，網頁設計的訂單便一張接著一張湧進來，業務持續不斷成長！這也說明廿一世紀初期網路需求正如雨後春筍般在全球各地炸開來，馬來西亞也不例外。

公司的生意越做越穩定，除了網站設計，也開始寫程式和開發軟體。有些客戶需要客製化軟體，這項業務不僅收入較高，後續還可以收取長期維護費用；接著有的公司需要購買硬體，譬如桌上型、筆記型電腦，或者網路分享器和設備等，我也開始幫忙客戶架設硬體，甚至連天花板都願意爬上去牽網路線！以當時174公分88公斤這個體重而言，爬上天花板是一件十分艱難的工作，但爲了賺錢，甚麼困難我都不怕。

一個人單打獨鬥時常忙不過來，但內心很清楚知道最終目的就是要賺到錢，其餘的都是小分岔，而這些枝節等賺到錢後就能夠輕易解決；但如果沒有賺到錢，即使做得盡善盡美、一百分，最終接不到案子也是枉然。我自覺有一點小聰明，譬如某位客戶要委託一個案子，若交給A公司做可能需要一個月，但交給我做只需要三天；我會先滿足對方的需要，搶到生意之後再解決後面比較棘手的問題。雖然大小事都必須親力親爲，但收入都是自己的，只要有一台電腦和網路配備就能接訂單。過去包括繪圖、平面設計、動畫製作等樣樣都自己來，每天在高速公路上的時間長達七八個小時，到達目的地後又馬不停蹄地牽網路線，把設備架設起來，這些都是我的工作日常。

當年爲了賺錢，我好像一台毫無覺知的工作機器，沒有節制地耗損著自己的身體。記得有一次到了現場才發現忘了帶工具，而這是往返一趟五六百公里路程的案子！由於客戶隔天必須上線，當年科技尚未發達，當地還買不到工具，我只得開車回公司再折返，創下畢生一天開車一千公里的金氏紀錄。

對的時間點和對的人

當年大學主修軟體程式設計，剛好搭上網際網路起步的大趨勢，可以說十分幸運。2000年12月倉促之下開設公司，雖然遇到網路泡沫化，但2001年末便已消退，反而在次年網路用量快速成長，相關的應用領域更是推陳出新，包括2004年Facebook、2005年Google問世，2008年Iphone開賣等，從此網路的進展一日千里，改變全世界人類的生活方式。

而在2001年的這個時間點上，馬來西亞很少有人懂架設網站和寫程式，市場需求遠超過供給。一開始我的收費很便宜，換算新臺幣不到三萬元，不久後遇到一位老闆，他告訴我：「這麼做要到甚麼時候才能有錢？要趁現在收多一點，你的收費要調整到十萬以上。」未料還眞的有一堆人排隊要做網站。接了一百個客戶之後，很幸運的賺進人生的第一桶金。

我的狀況是創業剛起步的時候，遇到一位中學同學，經他的介紹開始幫別人架設網站；從加拿大回國的年代，比較少人會寫程式、做網站，這就是對的時間點；但如果沒有去讀這所獨立中學的小學校，就不會遇到這位同學，也就不會做到這筆生意。因此不是我有多厲害，而是我「選擇」把握機會，並且全力以赴，這是我的個性。當每個機會來到面前，很多人不懂如何珍惜，而我跟別人不同的是：只要有人丟一根繩子，我就會拉著這根繩子拼命往上爬，盡我所能做到最好。做到最好不一定成功，但是如果都不做，就沒有成功的可能。

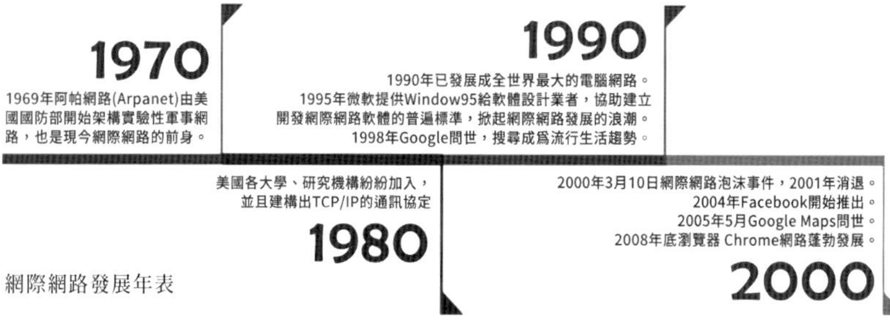
1970
1969年阿帕網路(Arpanet)由美國國防部開始架構實驗性軍事網路，也是現今網際網路的前身。
1990
1990年已發展成全世界最大的電腦網路。
1995年微軟提供Window95給軟體設計業者，協助建立開發網際網路軟體的普遍標準，掀起網際網路發展的浪潮。
1998年Google問世，搜尋成爲流行生活趨勢。
美國各大學、研究機構紛紛加入，並且建構出TCP/IP的通訊協定
1980
2000年3月10日網際網路泡沫事件，2001年消退。
2004年Facebook開始推出。
2005年5月Google Maps問世。
2008年底瀏覽器 Chrome網路蓬勃發展。
2000
網際網路發展年表

從硬體設備、到軟體工程的全方位服務，那個年代馬來西亞懂這項技術的人可說是屈指可數，因此，全部的工作都由我一個人完成。隨著業務快速擴充，工作量很大又十分辛苦，有時候不知不覺得罪了一些客戶，時不時被找麻煩或吃悶虧，甚至還不知道背後主使者是誰。近年我與過去一些客戶重新有往來，偶然的機會知道誰過去曾經做了甚麼，雖然當年造成精神上很大的困擾，但已然能夠放下並且原諒那個人。

開始靜坐後，「覺知」到每個人應該要先接受自己、愛自己，然後才能夠去愛別人，也才能懂得去愛世人。所謂的「慈悲」，就是愛眾生；不管別人曾經對我們做過任何事情，知道後都能夠全然接受，這就是「慈悲」。

「慈悲」就是有能力去同理每一個人當下所做的事情，理解他正好處在這個環境；過去的種種經歷，讓他在那個時間點做了這樣的決定，其實並非是「他」內心眞正想要的，換做自己，也無法跳開這條因果相繫的造化。當明白這個道理之後，便比較容易接受許多已然發生的事情。

過去經歷成為此刻的你

自從接觸身心靈之後，發現一個人的個性和能力，深受家庭和成長環境影響，也就是一個人的成就不全然與天賦是否厲害或聰明有關。舉例來說，我有一些很有成就的朋友，希望自己的小孩也跟他們一樣成功，所以處處告訴小孩這個不需要做，那個不能做；他們覺得自己這樣做能成功，於是就複製同樣的模式給小孩學習，卻不知反而限制孩子的創造力和行動力，連帶失去解決事情的能力和想像力。

家庭對我的影響則剛好相反，由於出生在一個被討債的家庭，讓我對金錢特別執著，家裡做生意，然後又有點小聰明，常幫忙去維修一些東西，解決客戶問題等，這一切經歷累積成今天這樣的結果。如果從小生長在富裕的家庭，所有的事情都依賴別人幫忙打理，就不會有機會去樹林裡削木頭和接水管作玩具槍；又或者父母不忙，七八歲的年紀就不會自己煮泡麵和炒飯，今天也不會有一手好廚藝。很多朋友覺得我怎麼老是喜歡發明一些東西，或設計「覺之花」和「覺脈環」這類神奇的產品，但對我來說這不就是想像力與執行力的結合嗎?從小喜歡探索新的事物，自創許多玩具如木槍、彈弓，連射箭都自己做；風箏、摺紙飛機、中國結、繡花、織毛衣通通都會！我只是比較喜歡做各類設計、創造新的東西和解決遇到的問題。

從前每一次在山裡做木槍玩具，我會在完成後不斷測試，直到能夠將小砲彈精確射出爲止；如今在不同維度發現一系列的能量符號，爲了達成一個理想的狀態，亦投入許多時間和金錢，不斷實驗讓符號的力量發揮到最大！原來一個人小時候的興趣和創造力，成爲長大後創業的關鍵條件之一。

大馬的華人

創業二年後，2003年買進人生的第一棟房子和車子，當時覺得自己有些成就。從小被公認不會唸書，也沒有拿過任何獎學金，家人又好賭，因而在親戚們眼中，覺得我的父母有那麼多小孩，卻沒有一個成才。新買的房子是一棟很大的透天，價格不貴，但裝潢花費不少，但對我來說，更重要的是看到年過六十的爸爸開心，不必再爲討債而天天擔心受怕。

我居住的柔佛州位於馬來半島的南部，面積大約是臺灣的一半大，人口約有三七0萬人。柔佛州三面環海，海岸線長達四百多公里，東邊濱臨麻六甲海峽，西邊是南海，南端則是柔佛海峽。由於跟新加坡只隔一座橋，受到影響也比較深，許多資訊都來自新加坡，當地經濟也比較發達。

根據2021年最新人口統計，馬來西亞國總人口數爲三二六五萬人，公民人數爲二九九六萬人，其中大馬華人[4]佔22.4%（約六七一萬人），爲馬國第二大族群，僅次於馬來西亞土著（包含馬來裔、馬來半島原住民、沙巴和沙撈越原住民），約佔全國公民人口的70.3%。餘下尚有印度裔佔6.6%，約二百萬人[5]。大馬華人雖佔全球華人的比例不高，但可以說在兩岸三地之外，中文教育保留和發展比較完整的國家，十分難能可貴。且大馬華裔排入「世界名人榜」人數還眞不少，可說是人才濟濟，例如《水行俠（Aquaman）》電影執導溫子仁就是馬來西亞砂拉越州的華人，但他已經移民去澳洲了；武打國際巨星楊紫瓊是霹靂州人，曾受馬來西亞蘇丹和元首賜封勛銜，羽毛球界的李宗偉是同鄉；而全球知名的香格里拉酒店集團老闆郭鶴年、還有鬼才歌手黃明志等都是馬來西亞柔佛州人。

馬來西亞政府將馬來人和土著歸類爲原住民，以「固打制」[6]優先照顧原住民族群的權益；華人和印度人被列爲非原住民，大多靠自己打

4. 大馬華人分別在兩個時期大量移入：15世紀鄭和下西洋（1405-1433）後裔爲峇峇娘惹（Baba-Nyonya）；第二次於鴉片戰爭後，1860年中英《北京條約》允許華工（或苦力）被輸送到馬來亞半島成爲礦工、種植工人等。直到馬共叛亂（1968-1989）移民條例收緊，移民潮逐漸停止。

5. 馬來西亞印裔大多於1786-1824年英國征服檳城、麻六甲和新加坡，逐步引入印度勞工，亦有從商、警察，園丘工人和殖民士兵。

拼掙錢。例如馬來人買房子有20％不等的折扣，非原住民則沒有；許多土地爲保留區，禁止非原住民買賣；馬來西亞大學保留給馬來人讀書，以及公司上市上櫃須具備馬來人持股的條件；在政府部門則必須能說一口流利的馬來文等等，這些政策某種程度上壓縮非原住民族群生存和發展的空間。

人民之間在生活上也存在許多文化差異，馬來西亞以伊斯蘭教爲國教，馬來人以Halal[7]食物爲主；而大部分的華人信仰佛教和道教，都有拜拜，蓋宮廟須取得特殊許可證，但若建清眞寺，申請程序則快速許多。其實多元文化共存的社會是存在的，如瑞士、加拿大和比利時等國家，都是擁有三種官方語言以上的聯邦體制，卻能創建一個和諧、尊重與公平的多元族群共存社會，也證實對整體國家的發展有益處。

馬來西亞不是沒有人才，而是經濟和商業環境尚無法留住人才，很多人因爲找不到理想的工作，都外移到新加坡。如果只求一個健康、正常和安全的生活，新加坡政府有一套完整的治理體系，做事情不用靠關係，相信這是很多人選擇去新加坡發展事業和生活的主要原因。

6.「固打制」：1971年馬來西亞國會通過憲法修正案，在特定領域中以種族人口比例實施配額制度，最高元首有權在特定機構或特定資源保留名額給馬來人與東馬土著的權利，涉及四個方面：保留地、公共服務機構、準證與商業執照、獎學金與教育領域的固打名額。

7. Halal（清眞）：阿拉伯語原意爲「合法的」，指符合伊斯蘭教規條可食用的食物，而在回教徒佔多數的國家，Halal除食物外，包含一套生活方式、言語、行爲、衣著皆受約束。

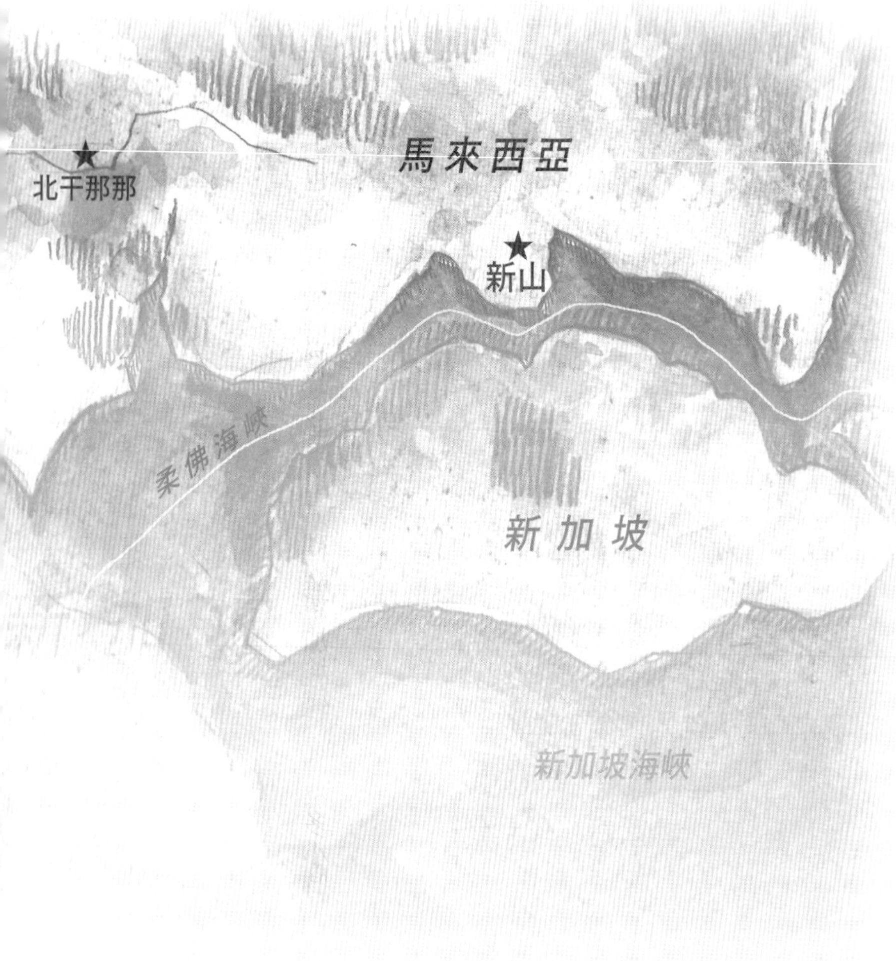
北干那那
馬來西亞
新山
柔佛海峽
新加坡
新加坡海峽

移居新加坡

事業更上一層樓

2000年前後馬來西亞的治安還不是很好，例如車子停在路上屢次被刮損，生活上也常常提心吊膽。北干那那距離新加坡只有一個多小時車程，由於自己的英文還算可以，於是決定移居到新加坡。

搬到新加坡之後，公司業務也突飛猛進，需要額外聘請員工，於是便邀請在加拿大一起讀書的好友林裕丞（Yves Lin）加入。Yves出生在臺灣公務員家庭，原本計畫繼續攻讀碩士學位，經我一再慫恿和鼓吹：「你趕快出來賺錢，不要再唸書了……」，最後放棄進修機會，來到新加坡與我一起開創事業。當年如果Yves繼續深造，或者沒有到新加坡的公司上班，也許今天可能就是臺北市某一公家機關的公務員？如今回想，一切冥冥之中自有安排。

公司擴充之後，新加波的待遇雖然比台灣優渥，但人才卻很難請，我和Yves一起去臺灣徵才。我們聘用了兩位臺灣員工到新加坡工作，其中一位范啟明（Kevin Fan）現在成爲「覺之花能量研究公司」的能量顧問團隊成員之一。一年之後，他覺得公司的美工無法勝任，於是又找了一位臺灣的同事李境展（Tomas Li）來上班，他目前擔任 Titansoft（鈦坦科技）公司的總經理。這幾位都是我所說的格局比較大、願意為公司大局著想，雖然待遇也很優渥，但最重要的是他們都願意站在公司的角度把工作做好。

華人創業的傳統包袱

雖然過去的種種讓我對家人的感情較為淡薄，但是創業有所成之後，只要生意上有資金短缺，或生活上遭遇困難，甚至分遺產時，我都很願意支援他們。在馬來西亞是這樣，當家庭成員有人賺了錢，通常都會回過頭來幫忙家人，也可以說是華人的優良傳統之一。當然這並非絕對，也還是會有一些吝嗇的人。

在華人社會，我們常講「孝順」這件事情，就是要聽爸媽的話，奉養、照顧好父母，每個月賺多少錢，就要給父母多少生活費，如果不這麼做就不孝順。相較於西方國家，小孩年滿十八歲後就被趕出家門，想要做甚麼就去做，除非娶了另一半、有了小孩，否則不須去對誰負責。

沒有家庭包袱是西方科學發達的原因之一，未來五十年還不知道，但至少到目前為止，我看到在亞洲尤其是儒家思想的國家，年輕人出來做事業就要給父母錢，讓許多人不敢去冒險，擔心萬一失敗了怎麼辦？其實年輕人不敢豁出去，怕失敗了沒有錢可以孝敬父母，甚至擔心他們會因此沒飯吃，冒險精神是不夠的。其實亞洲人有許多包袱，所以超越歐美的科學家僅佔少數，因為我們把自己的格局限縮在一個框架裡面。

懂得越多、想得越多，最終反而寸步難行。曾經有一個朋友告訴我：「初學三年，天下無敵；再學三年，寸步難行」，這句話講得很好。為什麼寸步難行呢？因為當你懂得越多，擔心這個、害怕那個，反而跨不出去，不敢跟著直覺走。我自己剛出來做生意的時候，根本無法想太多，每天只想著銀行戶頭裡夠不夠付房租？當年窮到每天只吃兩餐飯，只求不會餓死。過去在加拿大唸書的時候，每天也只吃兩餐飯，不也是活得好好的？很多事情想到就去做了！因為我懂得不多，通常都是做錯了之後再來想辦法解決，可以說是「初生之犢不怕虎」。但創業就是這樣，也才能稱得上是創業；如果每一人出來創業，都能輕易成功，那麼大部分的人就不會去上班了。

立業於臺灣

願意分享的宇宙

自從新加坡公司到臺灣來招募員工之後，逐漸的我發現臺灣人很有禮貌，做事情的態度又好，且工作態度很積極，又願意如期完成工作，跟新加坡員工的素質相當不同。

雖然馬來西亞人也很拚，工作也勤奮，即使一周工作七天也毫無怨言，但在技術和專業能力上，在我那個年代，跟臺灣員工相比仍有一段距離；也許有一些能力，但還不夠全面，無法到達頂尖。此外，馬來西亞的科技圈比較小，卻分布在不同的都會區；不像臺北市十分集中，八百萬人口住在同一個點上，激盪出來的火花是截然不同的。

另外最讓我驚奇的是「分享」的善良風氣，大家非常願意分享，很喜歡講，整個社會風氣都是如此，尤其表現在一些網路社群的資訊分享上；由於分享，因此越做越好。然而很多國家不是這樣，我懂的東西爲什麼要告訴別人，這是教育的問題。一個國家會不會進步，跟人民是否願意分享的特質有關。

通常在網路上可以搜尋到繁體字的資料，絕大多數來自於臺灣；臺灣僅二三００萬人口，但繁體字提供的知識量相當龐大。只要去搜尋比臺灣人口數多的國家語言，如馬來文或印尼文，相較之下臺灣上傳到網路上的資料十分可觀！我相信，全世界最能講的國家就是臺灣，由此可知臺灣人十分願意分享。

今天找一個工程師來，即使是維修員也好，不論問甚麼，他都很願意講，姑且不論他說的內容是對或錯，他都很願意分享。我曾經找人來修理家裡的除濕機，他都有自己的一套理論。因此，我覺得臺灣人的宇宙很特別，喜歡將自己所知道的事情無私分享給別人，相對地，當我們學會聆聽別人的分享，也會提升自己在不同角度的思考能力。

在臺灣開公司

我曾經是新加坡 Titansoft（鈦坦科技）公司的創辦人之一，離開之後該公司在軟體開發和敏捷管理上做得還不錯，因而在臺灣小有名氣。當年由於發現工程師在臺灣的資源很多，與其不斷找臺灣人去新加坡工作，不如在臺灣成立新公司。有些朋友找我合資，當時已經有自己的公司，所以一開始意願並不是很高。然而一切因緣聚合，通常都是一個朋友介紹另外一個，在對的時間，當有好的機會來到，大家自然而然就一起開公司；剛好我懂科技、但資金不多。十五年在前開公司是有成本優勢的，臺灣的薪資水準遠比新加坡低，但近年包括基本薪資、勞健保給付、公會等制度增加開業的成本，相對也提高年輕人的創業門檻。

來到臺灣開公司之後，發現臺灣人懂得很多，每一位請進來的員工，都把過去在其它公司學習的一套系統或某些經驗帶過來；這些並非書本上的理論，而是來自實務操作上的經驗和知識。回想2000年創業之初，我連「報價單」都還不知道，2006年來到臺灣開公司，我也還不懂PM（Project Manager 專案管理），就拼命地開公司，邊做邊學走到今天。

雖然不敢說甚麼都懂，但遇到不明白的地方我會去問、去學習，這是一個態度，也是一種「覺察力」。但很多人因爲心理害怕暴露自己的不足，而選擇掩飾或逃避，這就是「選擇」。我們本來所知曉的就十分有限，也都是從外面學回來，今天若工作上遇到問題和瓶頸，就更需要好好努力去學習，如果機會來了卻故步自封，不願意學習，那麼甚麼機會都是沒有用的。但如果利用現有的才能，去做一件超越自己能力的事，相信不僅提高自信心，從中也將獲得很大的成就感。

心目中的一等人才

如今有一個很深的感觸：「三等人才爲錢與權工作，二等人才爲興趣而工作，一等人才則爲愛和爲大家工作！」

當一個人工作只是爲了賺錢，是三等人才。今天醫生賺的錢多就去當醫師，工程師薪水高就當工程師，寫程式好賺就去寫程式，完全不想了解自己對於對這份工作是否有興趣，一心只朝著錢多的地方去。如果是上班族，上班的時候只想把工作完成，也不願意分享工作上心得，對公司比較沒有忠誠度；這便是爲錢工作的三等人才。

撇除專業能力，越被數字控制的人，例如計較工作量比別人多或少，比較薪水高低，惟恐失去自己在公司的價值而不願意分享等等，如此格局就越接近三等人才。相反地，越接近愛自己和愛衆人，便越接近一等人才。

「愛自己」是指無論發生任何事情都能欣然接受，並且嘗試去找到問題的源頭，然後做出改變，把自己的情緒照顧好，這便是愛自己。一等人才不僅愛自己，也擁有一顆「大愛」的心，願意分享自己的能力，幫助團隊的每一個人達成目標，並且希望大家能夠互相學習、一起成長，這便是一等人才的格局。

第二等人才則兼顧興趣和賺錢，他並不在乎公司的環境氛圍，也不會花心思去和其他同事互動學習，在同一個目標上並肩努力。譬如我喜歡寫程式，公司把工作交給我，寫完程式之後等於工作已完成，有錢賺就可以了，欠缺打造團隊的思維。

公司團隊最大的問題在於溝通，每一個人都有自己的想法，因此很難形成一個共同的宇宙。若要凝聚大家的共識，建置共同宇宙，爲愛和爲大家工作的一等人才是不可或缺的。他們通常在無形中，能夠爲公司打造一個超級團隊（Power team），最後在職場上也能取得比他人更大的成就。擁有這樣格局的人，無論去到哪一間公司，都能夠協助團隊的溝通和互動，並且把團隊帶起來；這也是我所認爲的眞正人才。

如果沒有這樣的一等人才，公司的氣氛多半是冷冰冰的，有一些科技大公司就是這樣的氛圍。一個SOP（Standard Operation Procedure，標準作業程序）導向的公司，其實跟一支軍隊在行軍一樣，一個指令一個動作，人與人之間缺乏溫暖的互動和交流；進到這間公司，領的就是這麼多薪水，要做的就是這些工作，除了核心成員，相信中下層的員工對公司比較沒有甚麼感情，因爲每一個人都只是一個會工作的機器人而已。

和公司一起成長

然而一間公司是否成功和永續，老闆的格局扮演著重要腳色。在我的心目中，也分別有三種老闆：三等老闆只想當老闆，二等老闆只爲錢當老闆，一等老闆則能帶著大家一起成長。

對我而言，三等老闆可能因爲家裡很有錢，爲了當老闆去開一家店，請兩、三個員工每天泡茶，或爲興趣開咖啡店、日本料理餐廳等，其實並不在意每個月的營收多寡，獲利與否，只是爲了對外有一個「老闆」的頭銜。

二等老闆爲了錢則甚麼生意都願意做，而且只許成功，因此不會花心思去培訓員工，公司流動率高也不在乎，更遑論去重視員工福利！每個月只顧看著報表賺進多少錢，眼中只有數字而已；心中沒有想法，只是爲錢當老闆。

一等老闆則懷有遠大的抱負，希望能做點甚麼來改變這個世界，或幫助公司的每一個人都能在職場上提升專業知識和技能，讓員工從工作中獲得成就感，將自我格局擴大。

現在，我希望建置大家可以一起成長的公司，也就是「公司要賺錢」是一件事，這是爲了保住每一位成員的飯碗，賺錢是必須的；但除了工作之外，是否能把每一個人的思維和格局拉高，這是很重要的。

很多老闆害怕員工犯錯，員工也很擔心自己做錯；但試想，我們今天之所以能站起來走路，是因爲剛開始學走路的時候曾經跌倒過；我們的人生也一直都在跌倒，然後再爬起來，從錯誤中學習和成長不是嗎？

大部分的人有很多話都不敢講，怕得罪人；公司最大的問題就是沒有人敢講眞話，擔心如果把眞話都講出來，惹來老闆不悅或同事心中不快，所以大家不願意在會議中提建議、講眞話，害怕衝突和吵架，不願意得罪人。如此反而阻礙公司和個人的成長，形塑一個鄉愿和自保的公司文化。

如果公司的氛圍是健康的，每位成員都願意開放心胸彼此學習，相信工作的默契會越來越好；每個人都爲公司整體著想，互相支援，這個時候錢該怎麼賺、就怎麼進來，這是無庸置疑的。但如果人人彼此猜忌，天天搞辦公室政治，環境充斥各種負面情緒，到最後老闆每天都很頭痛，這樣的公司怎麼會賺錢呢？

現在我體悟到自己可以選擇要當一個什麼樣的老闆，這是一種「覺」；當年因爲聽不到眞話，反而讓自己犯更多錯誤，釀成更嚴重的後果。在公司的經營上，員工犯錯還在可控範圍內，若老闆因爲聽不到眞話，接收不正確的資訊而影響判斷力，做出錯誤的決策，這個情形下公司若還能夠成長算是運氣好，情況嚴重則能將整家公司拖垮，這是個人很大的體會。

職場政治的觀察

臺灣經歷不同時期的政權治理，過去人們爲了趨吉避凶，學會許多生存法則，衍生今日泛政治化的生活型態，而職場政治便是其中一環。在職場上很清楚能感受到「保住飯碗優先，不說實話」的工作氛圍；不僅阻礙公司成長，也會帶來企業傳承的困境。

大部分的上班族，在公司還是希望有所發揮，把工作做好，很少有人去公司什麼事情都不想做，然後錢還可以領很多。然而很多時候在職場上工作不能推展、事情做不了，這是爲什麼？

現在的主管和老闆開會，大多數時間都是鴉雀無聲，怕講錯話、怕得罪人，結果重要的議題都沒有討論，又再次失去交流、分享和學習的機會。大多數公司裡面都會一些人，沒有辦法開誠佈公溝通，雖然清楚公司的問題，在會議中不願提出檢討，心想「反正這個案子是他負責的，我不想得罪他」。但下班之後逢人說長道短：「那個誰怎樣」、「這個東西要這樣」……，抒發對公司的不滿。過去我曾在Facebook上面看過不少罵公司和主管的貼文，可以說這是很標準的上班族態度，雖說也是「分享」，只是分享的對象恐怕是錯了。

以公司的角度來看，雇主與員工是「合作關係」的連結，主要目標是「把事做好」。但很多員工因害怕得罪同事、冒犯老闆，反而在工作上有話不敢說，有問題不敢提出來；誰做得好或不好，事後也沒有任何溝通和檢討；把做人擺在前面，做事擺在後面。這個孰輕孰重的順序，是不是值得以更高的角度來重新思考呢？

其實每個人的能力都是有限的，但如果100人的目標都一致，總體能量自然就會擴大，可惜每位員工的成長過程和人生經歷不同，自然在想法上也會有所差異，很多公司都不存在「共同宇宙」。唯有敢說眞話，互相溝通、彼此學習和一起成長，公司的能量才有可能向上擴展，變得強大。

這種狀況新加坡人也會，但因長期在一個獨特的體制下生活，已經建置出一套追求成功的系統；所有的人都被新加坡企業階梯和階級所宰制，人人使盡全力拼命的往上爬！當機會來臨時，每一個人都全力表現，搶著出頭！因爲他們認知到，當他們對公司營收作出貢獻時，自己的價值才會被看見。

身爲老闆多年有一個覺察，爲什麼台灣很多企業都面臨接棒的問題？台灣的老闆大多很強勢，且有優越感，自然養成身邊的附和者，以此維護自己在公司的存在價值和影響力。這些附和者爲了滿足老闆的優越感，寧願停留在勾心鬥角的格局中，沒法讓自己再往上提升，這個問題在傳賢或傳子的接班人爭議上影響尤其明顯。臺灣大企業爲何不好找接班人？原因就是大家都有「這是我的飯碗，你不要來動」的心態；「先保護好自己的飯碗，不然會失去這份工作」的風氣，不僅影響公司氛圍、工作效率，也助長不好的鄉愿文化，其實臺灣很多公司都面臨一樣的問題。

如果在一家公司上班，領公司的薪水，但沒有發揮專才，在工作上有所表現，反而花很多心思彼此對抗，讓公司做不好，這樣對個人有什麼好處呢？不禁讓人懷疑：如果只顧保住自己的飯碗，卻又希望領到高薪，那麼爲何不去創業而來公司上班呢？有的人來這家公司上班的目的，不是爲了協助公司發展，而只爲了繳房租和吃飯。這樣格局的人若擔任主管職，下面的員工也跟著附和這樣的態度，那麼一個老闆怎麼會願意把公司交給一個只照顧自己的內心、不顧整體公司成長的人呢？

當我們與雇主有了合作的關係與目標，就應當有心理準備，出發點不能只考量到自己的需要。如果沒有自我覺察，最多就只能做到保住這個部門的飯碗，無法以整體利益角度把公司做到最好，帶領著部門和公司一起成長。

與人民一起成長的國家

另一方面，臺灣卻是一個人民能夠跟政府互動、一起成長的國家，尤其臺灣的人民素質可以說全世界最好的國家之一。以戴口罩爲例，今天臺灣政府下達一個命令，要求全民戴口罩，我相信有90%的人都會自動遵守；我是馬來西亞人，同樣的行政命令，大概只有50%的人乖乖聽話。這件事情讓我有很深的體會，透過互相督促和彼此糾正的社會風氣，臺灣民間的確有這個壓力，成就了臺灣人民的高素質。

從小我的個性很自然會替他人著想，台灣的文化跟我的理念比較接近，是一個很有人情味的地方。例如路上如果東西掉了，會有不認識的陌生人伸出援手，熱心幫忙尋找；相較於馬來西亞，恐怕沒有人敢幫忙撿。臺灣最美的風景是「人」，這句話可以說當之無愧。

我在臺灣比較有家的感覺，興許是喜歡自由、民主和眞正有言論自由的社會，尤其經歷過大馬華人的處境和體驗過臺灣的生活以後，發現臺灣文化讓人越住越離不開。很多人從小生長在臺灣，比較無法體會我說臺灣的好，因爲沒有對比，大家都覺得本來就應該是這樣。

第3章 疾病

減肥168

2008年創業七年之後，我的體重已飆高到95公斤。有一次做一些簡單的運動，竟喘不過氣來，感覺到心臟快要停止，當時眞的被嚇到了！測量之後發現血壓140mmHg，遠超出正常值。當時心裡想，才剛過三十歲，難道年紀輕輕就開始吃高血壓的藥了嗎？

這段時期也經常夜晚失眠，因而白天無精打采，時常感到身體疲憊，這些困擾迫使我去醫院做身體檢查。醫生幫我驗血的時候，因血液太濃很久才只抽到一小瓶。驗血報告顯示膽固醇高、尿酸高、血脂高，可以講得出來的項目都很高！當時以爲所有問題都肇因於過度肥胖，就想著先來「減肥」吧！

我十分喜歡設計新東西，很快捲起了袖子就開始作實驗，試圖找到一種不辛苦的減肥方法。結果，成功研發今日流行的「168減肥法」！

如何做實驗呢？首先，從記錄體重開始。每天記錄用餐時間和體重的變化，例如早一個小時或晚一個小時用餐，體重增加（或減少）的數字，以及不同時段和飲食內容對隔天體重的影響程度等；甚至大、小號之後都會秤體重！發現超過某一個時段之後用餐，體重降幅比較大。

我用的秤非常精準，最小刻度可以觀察到50公克的變化。每一天用表格寫下日常生活中影響體重的因素；吃甚麼東西隔天體重增加，吃甚麼體重會掉下來，甚至幾點吃飯、喝水等都列了一張表單，詳細地記錄體重的變化。

每天只吃兩餐：早、午餐一起吃，以及晚上必須在五點半前完成進食，讓食物有足夠的時間消化。從下午五點到十二點上床這段時間比較難熬，中間超過七個小時是不能進食的，後來我想到了一個解決辦法，就是晚餐吃白吐司。很多人聽了就說，吃白吐司會胖；但去掉硬的吐司邊，白吐司中間那一塊澱粉量特別低，加上一杯水，就可以撐過飢餓感，而且隔天不會變胖。

我發現很多人晚餐後喜歡吃水果，尤其傍晚六七點之後吃水果，此乃減肥的大禁忌！由於水果糖分太高，尤其臺灣的水果特別甜，越晚吃水果，越沒有足夠的時間將糖分排泄，一旦囤積轉變成脂肪便功虧一簣！有人好奇問：「這麼長時間怎麼熬呀？」我說：「每天早上起床量體重，當你看到磅秤上掉下來的數字，就會特別開心！」

我給自己設定一個不辛苦、可達成的減肥目標，不管用任何方法，每天必須減重100克，這個減肥方法十分成功，八個月內減下20公斤。到2009年末，我從95公斤減重到75公斤。做生意聚餐、喝酒、應酬在所難免，但隔日吃東西時就特別節制，盡快將飲食再調整回來。目前我的體重大約68公斤，至今仍然維持節制飲食的習慣。

發燒41度的體悟

我過去曾經生過幾場大病，其中有一次得了腦膜炎，導致記憶力的嚴重衰退。在這之前，只要聽別人說過甚麼話，正的、反的都能夠倒背如流，但二十多歲以後就失去這個能力，因而在加拿大讀書十分辛苦。

卅三歲時，曾經因痔瘡持續出血而去動結紮手術。結紮之後醫生沒有給我吃消炎藥，使得手術部位受到感染，體溫飆高至41度，當時完全無法打開眼睛。雖然小時候曾經發過燒，但這一次特別嚴重，醫生再開出很強的抗生素，卻導致我的白血球測量值[8]降到只剩下正常值的三分之一，情況可說十分危急。

在性命攸關之時，腦海閃過一些念頭，「唉，做這麼多有甚麼用？我都還沒有享受到人生……！」《金剛經》四句偈竟也在心中升起：「一切有爲法，如夢幻泡影，如露亦如電，應作如是觀。」病情好轉的起初幾天，還是有這樣的想法，然而等到身體完全康復之後，這些念頭就憑空消失了！我又繼續像蜜蜂和螞蟻一樣努力地賺錢。

我發現人眞的很奇妙，在面對生死存亡的時刻，腦海通常會萌生許多念頭，獲得一些深刻體悟，進而更認識自己，在那個當下總會下決心要做出改變。然而一旦轉危爲安，很快就被打回原形，依然故我的過日子，把那些用生命換來的領悟忘得一乾二淨。

想起初次認識臺灣大學李嗣涔教授時，他曾提起一位身心促進會的道家朱老師。過去朱老師曾妙手回春治癒許多疑難雜症，跟其他醫生不同的是他

8. 白血球是免疫系統中心，能擊退入侵的細菌，正常值介於4千-1萬/uL，高於參考值表示有可能細菌感染、慢性發炎、白血病等；低於則爲病毒感染、血癌、再生不良性貧血、肝硬化、自體免疫疾病等。

不收錢，而是要求病患每天誦唸一〇八次「心咒」迴向給冤親債主。我曾經去給這位朱老師看過病，他的身邊跟著一位知名醫院的主任擔任助手，這位西醫因親眼見過太多不可思議的成功案例，因而跟隨朱老師身側幫忙。在這個診所內亦有播放一系列除了各種疑難絕症的治癒實例，甚至還有如何抓鬼、祛邪的醫病影片。

朱老師曾說了一則眞實故事：有一個小男生腦袋生了怪病，媽媽心急來求醫，她說：「只要小孩的病能被救治，日後他要怎麼樣都可以，我會努力幫孩子誦咒拜懺！」後來朱老師把這個小孩的病治好了，這位媽媽開始每天叨唸：「都不唸書，每天都在打電動……」，要求孩子趕緊跟上進度，把書念好，忽略孩子大病初癒的心理感受。

當孩子生病的時候，父母總說：「唸書沒這麼重要，身體能好起來就好，健康最要緊！」等到小孩活蹦亂跳，父母的態度卻開始轉變。所以，人眞的很奇妙，既然已經做出承諾，不再把學校成績當作比健康重要，然而一旦孩子恢復健康，怎麼第一個想到的還是學業成績好不好？接著要求孩子要考上好的大學，畢業後，又希望孩子多賺一些錢，賺到錢後又催促孩子成家立業，之後進一步又要求生小孩！大多數的父母不停灌輸孩子生活應該怎麼過、照他們的方式過才是對的，反之就都不對！

孩子背負父母的期望，無法真正做自己。例如小孩拼命去練鋼琴，究竟是對音樂有興趣，亦或被父母逼出來的呢？其實父母需要和小孩反覆溝通，找到平衡的方法；如果是孩子自己的興趣，他必然繼續往下走，而不是逼迫自己去學習。然而大多數的父母逕自顧著自己的期待，忽略小孩的興趣和心理狀態，反而讓孩子逐漸失去真正的靈魂。

也許上一代的人是這樣想，但到了這一代，我們應嘗試作出另外一種選擇，是否還要繼續這麼想？其實不一定要跟隨制度，像幾歲應該唸完高中，幾歲一定要考進大學等等，這些都是前人訂下的人生ＳＯＰ。

其實每一個人的學術進度不同，人生的經歷也不一樣，開竅的時間亦有早晚，不需要一味跟從社會制度去規劃未來。每一個孩子的個性、傾向和能力都不同，若能全面了解取代過多的干涉和指導，給予孩子空間去學習有興趣的事物，相信每一個孩子都是獨一無二的。

尋醫之路

2009年雖然減肥成功，但睡眠品質卻沒有比較好，即使每晚十二點準時上床，但總要花上二、三個小時才能入睡，到凌晨三四點卻又醒過來，之後再也睡不著。失眠讓我每天起床的狀況十分糟糕，全身疲憊躺在床上，全部生活只剩下賺錢。只要有賺錢的機會，無論身體多累，都能夠爬起來出門，因而也沒有多餘的體力陪伴孩子。

除了睡不好，也不時地在晚上頻尿，少則三、五次，多則八、九次，這對年輕男性而言不太尋常。剛開始以爲是肥胖壓迫神經所致，後來聽說這種情形罹患糖尿病的機率比較高；而我的媽媽有糖尿病、外婆也有，讓我十分緊張，趕緊安排去醫院檢查。檢查結果不是糖尿病，反而可能得了「天生的（遺傳性）攝護腺炎」；男性的攝護腺十分敏感，一旦受到刺激便會腫脹，很容易產生尿感。

去動「攝護腺手術」絕對不在我的選項內，因而當醫生開出慢性神經止痛藥Lyrica®——專治神經疼痛的藥物時，我接受了這個安排。服用Lyrica藥物之後，雖沒根除卻也減緩了惱人的病症，每過幾個月才頻尿一次，或者遇到精神壓力過大時才發生，短時間內感覺睡眠恢復了正常，體力和精神狀態都很不錯。然而過了一段時間，當身體適應了這個副作用後，怎麼睡都睡不好，也睡不飽。於是我從小劑量逐步增加到早晚吃一次，長期下來神經功能開始減弱！身體感到日復一日更加疲累，這個問題持續了好多年。

直到2016年經朋友介紹，我飛往全球知名的美國Mayo Clinic醫院做檢查。爲了預約體檢，從書信往來、申請到看診，總共花了三個月到半年的時間；如果沒有人轉介，相信一般人很難排得到。在醫院的第一個晚上，我的手指給一台睡眠生理檢查設備夾著，紀錄整晚的睡眠狀態；那個晚上，我起床頻尿八次。就診一個星期總共看了五位醫生，全身所有能夠檢驗的地方都做過一遍。繞了一大圈，最後被診斷爲「肌肉纖維痛」，英文學名Fibromyalgia，簡稱「公主病」；就是每天起床這裡痛、那裡痛，全身都痛，怎麼吃藥都不會好的一種毛病。

9.「正念（Mindfulness）」：卡巴金博士（Jon Kabat-Zinn）爲創始人，1979年將禪修方法去宗教化、儀式化，只留存心智鍛鍊方法，有意識去覺知當下的環境和身心狀態，保持客觀和不評判的態度，亦即覺察每一個當下的自己，對環境保持開放接納的態度。

醫生告訴我，要解決身體的問題只有兩個方式：一是吃藥，二是靠「正念（Mindfulness）[9]」緩解疼痛，也讓我有機會首次接觸到西方的靜坐方法。護士很有耐心講解和示範，引導我如何靜坐；醫生也開了很多藥品，其中一支跟新加坡醫生開的Lyrica類似，但藥效更強，另外一支則是安眠藥。醫生告訴我，這兩種藥需要長期服用，這樣才能讓生活過得比較正常。

然而吃了這些藥之後，神經訊號全部被截斷，導致某部分器官的體感出了問題。我決定停用這些藥物，於是所有惡疾再度復返，並且日益嚴重！攝護腺炎使我無法正常睡眠；而「肌肉長期發炎」日以繼夜傳遞著「疼痛」的訊號給大腦，讓我感覺到身上的每一寸肌肉都在疼痛！

Mayo Clinic護士示範的「正念靜坐」方法，回到臺灣之後我並沒有認眞練習，老實說，工程專業的我並不相信坐著閉上眼睛，就能夠療癒「肌肉纖維痛」。只有在身體痛楚難忍的時候，才勉強放入CD希望能有所緩解，但試過幾次無效之後就放棄了。

那一段時間活得很辛苦、很累，還有點憂鬱和焦慮；因爲每天早上一張開眼睛，我害怕面對日復一日從脖子疼到後背的巨痛感，覺得活在這個世界上根本沒有什麼意思，即使花二百多萬購買專業的衝擊波物理治療（Shock Wave Therapy）設備[10]，也無法解決這個問題。心裡問題帶來諸多身體上的疾病，在我的身上展現出它完美的力道。

由於睡眠品質不好，我的意識逐漸模糊，常常分不清當下是睡著或醒著；因爲無法分辨現實與虛幻，時常爲了睡夢中發生過的事情跟家人吵架，譬如在夢中我跟家人說了甚麼話，但現實中並「沒有！」這樣的情況一直沒有好轉，勉強支撐半年之後，感覺自己眞的不行了，於是在2017年自費前往台北醫藥大學去看精神科門診。醫生也只開了幾種幫助睡眠及抗憂鬱的藥；此藥方並非抗憂鬱，而是幫助腦神經放鬆，讓我可以好好睡覺。

可想而知，藥物並無法減輕痛苦，直到2020年，朋友介紹我去接觸身心靈課程，在專家的協助下怯除身上能量的過敏問題，也開啟我學習「全程靜坐」的機緣。在靜坐中，身體獲得完全放鬆和深度的休息，疼痛感每一天都能減少一分，漸漸地十多年來的痼疾消失得無影無蹤。

10. 衝擊波爲新的治療方法，由醫生或物理治療師執行一系列高能量的衝擊波進入所需部位，激發組織自癒過程。可改善血液循環，促進新血管的形成以加快新陳代謝。患者可無需用葯，亦極少有記錄上的副作用。

貳。覺

「我」知道所發生的一切

「我」選擇停在這裡或往前走

第4章 靈性的起步

2020年3月的某一天，因疫情關係無法出國工作，Yves開車載著我去桃園復興鄉海拔二〇三一公尺的拉拉山去散心。聊天時，他提到自己的新體悟：「我發現，我們身體所有的一切，都有各自獨立的『系統』……」當時覺得他是瘋了！

Yves又繼續說：「譬如細胞有一個系統、微生物也有一套系統；就好像網路的社群有一個系統，地球有自己的系統，自然生態也有一套運作系統。從最小的微粒，可以一直放大到整個宇宙；反過來，從最大的銀河系，一直縮到最小，到最後可以小到肉眼看不到的物質！」最後我們還聊到了量子力學。

靈性大師薩古魯

Yves 這一套論述引起我很大的好奇心，後來開始在網路上搜尋一些關於人體和生命系統方面的影片。這段期間 Yves 和其他朋友也推薦了一些身心靈課程，當時對急於解決身體問題的我不太有用，因此也沒有再去上課。

有一天，原本只想在 YouTube 影片分享網站上搜尋有關冥想的音樂，結果跳出了一位印度瑜珈大師「薩古魯（Sadhguru）[11]」，發現他講的人生哲理很實在，跟我所理解的佛門教導很類似。薩古魯並沒有強迫我們一定要做出改變，只提醒觀眾認識「本我」與「大腦」的分別，並且將這兩者拉出一個距離，才能夠找回「自我」。

2020 這一年，我花了六個月的時間看遍薩古魯的所有影片，也曾跟隨指引去冥想和靜坐；其實方法很簡單，其中一個很重要的觀念，就是在靜坐中持續誦念"I am not my body, I am not even my mind."（中文：「我」不是我的身體，「我」也不是我的頭腦」），練習將「我」跟「大腦」之間分開一個距離。他主要告訴我們在三維的世界裡面，所有的東西都是大腦組織出來，靜坐的其中一個益處，就是讓「我」跟身體和大腦分開。

薩古魯曾經作一個比喻：我們搭乘熱氣球往下看到塞車的景象時，會覺

11. 薩古魯（Sadhguru）1957 年出生於印度邁索爾（Mysore），是一位瑜伽大師、神祕主義者、作家，世界知名的靈性導師，也是「Isha 瑜伽」的創始人。薩古魯對人權、社會及環境的關懷，以及他在靈性、修行與生命的深刻指導，化為談話與文字，數十年來已影響了上百萬人。

得「哇好美！宛如看到夜晚閃爍的燈光，眞美！」然而如果我們是被困在這個長長的車陣中，心情則會完全相反：「天啊！塞車！」所以只有在「你」和「你的」之間有一段小小的「距離」，才會產生美感。

如果我們選擇讓自己陷在車陣中，每一天起床的心情一定是痛苦的，因爲每天都在塞車，無法逃脫被困住的感覺。但如果我們跳開來看生命中的塞車，那麼所看到和感受到的會變成一種體驗、一個經歷，就不會讓自己全然投入在那個痛苦的狀態中。相反地，對生命有了一個新的認知——原來人生都會遇到這樣的事情，既然發生了，我們就去接受，那麼我們就是在體驗人生。

薩古魯大師所教導的這一套冥想技術稱之爲"Isha Kriya"，Isha 意思是「創造源頭」，Kriya 則是「內在的行動」；如果每天不中斷地練習十二分鐘，三個月後就可以見到成效。因此，在那段期間我每天勤於靜坐，九十天之後感覺到自己有一些改變，但當時對薩古魯講解生命的這一套邏輯還不太能夠體會。後來有朋友提起楊定一博士，於是在網路上搜尋楊博士的共修影片，發現他與薩古魯大師的說法殊途同歸。

天才博士楊定一

楊定一博士[12]是一位天才，十三歲卽考上醫學院，目前是長庚生物科技公司的董事長。如此背景不凡的人告訴我們關於生命是怎麼一回事，當然十分具有說服力。後來繼續看了陳文茜採訪的影片，十分認同他所講的內容。

楊定一所講述的「眞相」一開始是很難理解的，譬如他說：我們看到甚麼東西都是反過來的，所有事情跟我們的認知都相反！我們認爲看到的世界是眞實的，其實都是大腦組織出來的虛幻世界。此外他說：爲什麼會有二元對立呢？在還沒醒過來之前，我們所看到和感受到的一切，都是身體五感經由大腦投射的物質現象，只有經過大腦比對之後，我們才夠理解「有」或「沒有」、「光明」與「黑暗」、「好」或「壞」、「愛」和「恨」、「開心」與「難過」、「黑」跟「白」、「熱」和「冷」等等的分別；二元對立其實是爲了讓我們去體驗和感受這個世界。

後來我經歷很多事情之後，才逐漸明白原來靜坐是爲了更淸楚地知道，我們能夠超越情緒和五個感覺（視覺、聽覺、嗅覺、味覺和觸覺），也開始理

12. 楊定一，1958 年出生於臺灣，7 歲時與家人移民巴西，13 歲便考取巴西醫學院，21歲取得美國紐約洛克斐勒大學醫學院生化及醫學雙博士，27歲卽擔任該校分子免疫及細胞生物學系主任。曾任美國國家衛生研究院（NIH）癌症研究所諮詢委員，過去十年著有「全部生命系列」等關於意識科學的著作。

解楊定一博士所說的「這個世界任何事都要反過來看」。

2021年領悟了一件事情：「不存在的存在，是爲了展現存在的存在」；「不存在」的現象，只是爲了要呈現出存在的樣貌及存在的意義，這就是一開始的二元對立。這個世界如果沒有二元對立，那麼所有的存在都只有一個方向，不是全黑就是全白；在沒有經過大腦的比對之下，一切都是好的、正確的，我們的大腦一直都十分盡責在做比對的工作。

看懂了這個邏輯之後，才慢慢理解楊博士所說的道理，同時也明白薩古魯大師所說的，我們要把「大腦」和「我」拉開一個距離，才能覺到「我」的存在。於是舊有的思考模式開始產生變化，我逐漸反過來審視過去所認知的世界，同時徹底改變了自己回應世界的方式。

這兩年我認知到一切都只是大腦的感受，而不是「我」的感受，慢慢將所有的發生都當成是流動的「訊息」，看見和聽到的一切開始以「訊息」來看待，並體悟到所有的感受只是一種感受，僅此而已。既然只是一種感受，那麼我們可以學習控制自己的「感受」，以更高的角度去觀察身邊正在發生的事情，在有「覺知」的狀態下，自在地做出自己的選擇。

「大腦」的框架

我們透過大腦接收外界的訊息，其中有90%來自於聽覺與視覺，假若某些原因干擾了聽或看到的訊息，或被刻意設計的頻率擾亂，這些「被干擾」的訊息影響我們所做的選擇和決定，最終也將導致後面不同的結果。在沒有覺察的情況下，受干擾的生命經驗構成大腦的框架，影響個人在思想、感受和心智等各方面的成長。

框架1：「被告訴」的大腦資訊

我們從小或受儒家思想教育，或接受不同宗教教義的洗禮，一切的認知都受到外界資訊的影響。呱呱落地的時候，大腦如同一張白紙未染上任何塗料，只知道要吃飽穿暖，這些都是生存的本能。但人類與其它的生物不同，一個新生命的誕生需要「被照顧」才能夠存活下來，除了食物、空氣和水，還需要「愛」和「關懷」，沒人照顧的孩子無法靠自己長大。

在「被照顧」的過程中，連名字也是別人取的，後來我發現，有的人一輩子都被出生以來的「名字」給框架住。姓名學有一定的邏輯，文字也有它自帶的頻率；一個人被取了一個名字，大家天天叫，如果帶有不好的意思，長期下來會影響這個人的脾氣和個性。例如在馬來西亞，如果小朋友時常生病不好照顧，有的人會去廟裡拜拜，求神明幫助，老一輩的人也會幫這個孩子取個小名，譬如叫「阿狗」，意思是「跟狗狗一樣容易養」。不雅的「名字」時常被親友拿來開玩笑，在沒有覺知的情況下，名字的負面印象會扭曲個人的自我認知，連帶也會影響到自信心。

取名字只是其中一例，後來我發現包括爸爸媽媽是誰，每天要吃三餐、喝水、睡滿八個小時，哪些食物對身體有益或有害等等，這一切資訊全部都是別人告訴我們。大多數的人無意識的百分之百相信，並沒有去思考這些資訊的眞僞，於是每天生活在「被告訴」的框架中，而我自己也是其中一個。

我們對科學的態度也是如此，沒有經過判斷便全然接受，很少有人去挑戰經由科學驗證的知識。然而如果內在出現質疑的聲音，我們應該相信科學或以內心的「知道」爲基準呢？譬如，科學否定靈魂的存在，是否要全然相信科學？如果一昧相信，我們將會失去探索生命眞相的機會。當人類以「不科學」或「沒有邏輯」來評斷那些還沒有能力探測和解釋的未知現象時，科學知識很可能成爲人類發展新知的一大阻礙。

從前唸書、寫程式，老師怎麼教就怎麼接受，我從未想過要去挑戰知識的眞實性。數學公式若是這樣，便是如此，別人的研究成果拿來應用就是了，我對這個世界的認知，可以說被侷限在大腦所接收的有限知識上。過去我也曾人云亦云地認爲，一天非要睡足七八個小時身體才健康；當睡眠品質不好時，大腦讓我相信健康遲早會出問題！這個認知造成心理上很大的壓力，然而事實並非如此。

以我自己的親身經歷來說，自從「全程靜坐」解決失眠問題之後，現在每天雖然只睡五六個小時，不僅身體健康，而且精神飽滿。其實每一個人的身心狀態不同，睡眠的深度不同，不能一概而論。也就是說，我們被學習到的一切知識所控制，這些資訊都是從外界學習或來自別人的口中，並不是從自己的內心出發，或經由親身體會而得。

框架2：「我」缺席下的大腦回應模式

人類大腦在三歲之前，便已完成80%的發展。在成長過程中，大腦如同建置一套演算法，隨時將資訊收集進來，然後根據記憶庫不停地做出反應；換句話說，我們大部分的生活，都在大腦的控制之下。然而大腦作出反應的當下，很多時候並無法掌握到事情的全貌；譬如耳朵聽到一句話，經大腦判讀後自動作出一個回應，但它並不知道這句話前後發生了甚麼事。

我們說的話由大腦組織出來，也都由大腦去回應外面的世界。假設我是華人，從小到大學習的是中文，當我想要敘述一件事情或觀點時，大腦就用中文表達，但其實很多人講話，他並不知道自己在表達甚麼。譬如，有人問你"How are you?"你可能會馬上回答"I am good, I am fine."但實際上呢？溝通已經變成一套程式，如果有人問你好不好，答案一定要說「好」，不管當時自己好或不好。這些都是大腦的自動回應，「我」的主體並不存在。

大腦只純粹根據所接收的資訊，演算出一個回應外界的模式；每當有新的資訊進來，它隨時套用既定的模式去反應——發生這件事情你應該怎麼做，如果發生那件事情你要做甚麼；沒有發生就做這個，有發生就做那個。大腦裡面已經發展了一整套邏輯，並且周而復始上演同一套。當我們沒有覺察到這套邏輯有問題時，無論如何想、怎麼做，產出的結果都是一樣的。

今日AI（人工智能）也在做跟大腦一樣的事情：蒐集大量的資訊、演算出一個方程式（或演算法），如果我們重複同樣的動作，它就依照程式輸出相同的結果。在這個自動回應的過程中，眞正的「我」並不存在。當我們誤把大腦當作「我」，過度依賴這套邏輯去執行生活上大小事情時，往往不會特別去想這件事情跟自己的關係，也不淸楚自己喜歡或者不喜歡，甚至沒有時間去體會當下的內在感受，也就是每天過著無「覺」的生活。

如楊定一博士所說，這個世界由五感和念頭所組成，當我們透過視覺、聽覺、味覺、嗅覺和觸覺去感受這個世界的同時，外界資訊便不停地存入大腦；每發生一件事情，大腦都去跑一遍流程，如何輸入便如何再輸出。大部分的人誤把「大腦」的認知當成「我」，在生活上不再相信感受，或五感受到干擾而鈍化之後，又將大腦的自動化回應視爲「我」毫無缺陷的代言人，其實「我」便已經處在無「覺」的狀態當中。

框架3：「對比」誤用為「比較」，非幫助感受

我們所看到的世界，都是五感接收後投射的物質現象，其實都是虛幻的，

惟有經過大腦比對之後，才能理解「有」和「沒有」、「黑」或「白」等的分別。二元對立原是爲了讓我們去感受和理解這個世界，然而大腦做「比對」的同時，也自動化輸出了一套回應「比對結果」的思想行爲模式。

舉例來說，我的一位兄弟和兒子之間有了一些狀況，詢問之下才發現，原來是對兒子說話的態度感到不滿。他抱怨兒子對這個老爸說話大小聲，十分沒禮貌。我好奇地問：「你現在的心情是不是很不好？以前你跟兒子的關係不是挺好的，怎麼突然這樣？」

沒想到他就說起別人的兒子：「以前那個小孩每天都在罵他爸爸，現在我跟他們出去玩，他的兒子對他說有多好，就有多好！」聽了之後恍然大悟：「對呀，這就是問題所在。」

我分析給他聽：「以前你看到別人的兒子對他不好的時候，就對自己的兒子很滿意，覺得他孝順；現在你看到人家的兒子變好了，回過頭來常常抱怨自己的兒子不夠好，跟他吵架。所以你的痛苦來自於跟別人作比較，並沒有眞正在乎這個兒子！你拿過去跟現在作比較，然後想像出更多的事情讓自己陷在情緒裡面，帶來痛苦，而這種痛苦是自找的。如果別人的兒子在你的面前對爸爸動粗、出言不遜，是否就慶幸兒子還沒有壞到這個程度呢？」我想，這就是人性。

我看到現在很多父母，都在看社群來調教小孩。當他們看到某個明星在臉書上分享怎麼教小孩，教得這麼完美，按「讚」之餘，回過頭來看自己的小孩就一肚子氣——這麼愛哭，教甚麼都不會，沒事又愛跟弟弟妹妹打架！這些比較帶給他們壞心情，然後劈哩啪啦一直唸小孩，拿別人教得好的來給自己壓力，忘記眼前那個滿臉沮喪的才是自己的孩子！

也許他們未曾想過，大部分的人喜歡把自己能炫耀的東西公布到網上，修圖濾鏡樣樣都來，總不會把小孩做過的糗事貼上社群，給自己難堪吧？其實她們看到的只是千百萬分之一的罕見例子，恰巧她是一個名人，小孩剛好又教得好，但也許她也只挑選孩子表現最好的例子。其餘還有九萬九千九百九十九個小孩沒有教得這麼完美，媽媽們偏挑一個極端好的案例來做比較，這樣過日子其實是一種苦。不僅讓自己不開心，對小孩也極爲不公平，畢竟孩子的學習能力、喜好和成長經歷不同，而且爸爸媽媽的狀態和教養能力也不一樣。

台灣臉書有超過一千八百萬活躍用戶，每天都有人在社群上炫富，今天貼文去哪裡搭遊艇，明天貼出跟男朋友去哪裡玩等，大腦自然盡職地去做對比。我的朋友在臉書上看見同學剛嫁人，老公買了超過一克拉的大鑽戒讓老婆在臉書上曬恩愛，她就想著：何時我的老公也能買一個三克拉的鑽石給我？這個想法帶給她痛苦。大腦若一昧去做比對，而網路世代的資訊量持續爆炸，再三五個世代，相信越來越多人對自己的人生感到絕望，因爲再怎麼努力，都達不到臉書上那些富豪們那樣的生活。

其實大腦如同一個資料庫，每一件事情進來都會一一先做比對；與過去經歷相比，如果比較好就判斷對自己是好的，若比較差就把它當作是不好的。其實「經歷」的本身並非痛苦的來源，而是跟來自於過去或跟別人的經歷做「比較」。譬如，某人被騙一百萬，每天生氣自責到睡不著覺，接著聽到跟他很熟的鄰居被騙五百萬，內心的痛苦頓時消融了一半！這個情況不就說明了把自己的快樂建立在別人的痛苦上？看到別人比自己更痛苦，於是痛苦就減少了？爲什麼我們不是看到別人快樂而自己也覺得快樂呢？

「二元對立」也許是上帝創造這個宇宙不可或缺的設計，我們無法阻止在洪荒之始便已被設定的大腦功能，但可以選擇用甚麼態度去面對這個世界：將對比之後的感受當成一種體驗，幫助我們更理解這個世界，或執著於大腦的對比結果，任由大腦掌控自己每一天的喜怒哀樂？其實只需往內看，面對大腦對比之後內心的感受，只要明瞭「這就是一個感受、我知道」即可。

斷開「大腦」的影響

既然在三維度的地球所有的物質世界都是大腦所組織出來，那麼「我」是否也是被大腦組織出來，哪一個「我」才是真實的？誠如薩古魯大師所說，透過靜坐，可以將「我」和「大腦」分開來，理解大腦如何組織這個世界，斷開大腦對生命的掌控和影響。

在生活中提高「覺」

最近常在思量，當一個「爸爸」到底應該要做甚麼？剛好我的朋友來找我，說她跟女兒的關係很不好，一看到女兒心中就升起無名火，當時十二歲的女兒就在她身旁。我便問她：「你對女兒是不是有甚麼特別的要求？」

「我每次看到她不管做甚麼，都很不高興，都想要唸她！但對八歲的小兒子並不會這樣。」

我對她說：「其實我們並不知道要怎麼去當孩子們的父母，我們常常把自己成長的過程投射在孩子的身上。也許我們的父母也不知道，就好像從他們的身上，我們也沒有學會如何爲人父母是一樣的。」

我的爸爸十分嚴肅，忙著做生意賺錢，沒有管家裡的事情，因此他在我面前，也沒有表現出「爸爸」的樣子。我意識到自己也在做同樣的事情，不知道怎麼去當一個稱職的爸爸。甚麼是父愛自己並沒有經歷過，需要慢慢去揣摩，但是我曉得問題在哪裡，很多父母甚至還沒有發現問題的所在。

這位朋友在小時候父母離異，媽媽就到國外去工作，在成長過程中，偶爾媽媽才回家幾天，短暫的陪伴後又得飛回去。雖然不知道她如何長大，我感受之後對她說：「妳和孩子之間的問題其實是妳不知道怎麼去當一個母親，因爲自己沒有經歷過，現在唯一能做的就是把以前缺乏母『愛』的情緒宣洩出來，跟我一樣重新學習如何爲人父母。」

語畢，朋友的眼淚一下子飆了出來：「你現在是『薩提爾』我嗎？」我說：

「我沒有上過『薩提爾』[13]！」看到朋友淚如泉湧，便告訴她：「沒有關係，妳就接受那個時候的妳，原諒那個時候的妳，不要讓兒時的經歷影響到今天的妳，妳要跟『她』斷開關連。那個時期對妳的影響已經不再那麼重要了，反而是現在的妳選擇怎麼做，對妳更加重要！」

這是面對過去的一個方法，如果從前做錯事，或在成長過程中有欠缺，或犯了嚴重錯誤而無法原諒自己，都要回到過去然後告訴自己：「我知道這是錯的，我原諒這件事，我不會再做。」如果心中還有內疚，就告訴自己：「好，我知道了，我原諒我自己。」如此才有辦法做出改變，獲得別人真正的原諒。可惜大部分的人選擇逃避，不願看見過去的那個自己；即使知道問題的原因，也不願意做出改變。如果連第一步都不願意踏出去，如同前面的例子——媽媽生氣罵小孩，小孩一直哭，媽媽看了更生氣、又罵小孩，小孩哭得更大聲！於是媽媽一看到小孩就生氣……！如此不斷惡性循環，問題永遠無法獲得解決。

因此「覺」對我們來說很重要，有了「覺」才能夠一直回溯到問題的源頭，看到之後告訴自己：「我知道了」，並真誠做出改變！我們的每一個決定大多

13. 薩提爾以維琴尼亞·薩提爾（Virginia Satir）命名，指一個人和原生家庭有著難以割斷的聯繫，以「冰山」比喻，外界看到的行爲表現只是露在水面上很小的部分，而暗湧在水面之下更大的山體，則是長期壓抑並被我們忽略的「內在」。揭開冰山就會看到：生命中的渴望、期待、觀點和感受，看到眞正的自我。

數跟自己的經歷有關，然而那些記憶不是「我」，那只是一個經驗而已。當我們有能力抽高，跟大腦保持一個距離，比較能夠看清楚事情的樣貌。其實每一個人都有能力向內去認識「覺」的存在，只在於願不願意去做而已。

練習活在當下

大腦記錄我們從小到大接收的知識和各種經歷，根據這些記憶回應日常生活中的遭遇。大部份的人都認爲「記憶」等於我，無覺知下生活在記憶的框架中。也就是說，今天發生甚麼事情，大腦首先會掃描過去的記憶，判斷接下來如何應對，然後預測未來可能後續的發展等等。

這個功能原是賴以生存的本能，但如果每一件事情都要從過去臆測未來，等於讓自己活在過去和未來的想像中。許多人每天生活在恐懼當中，擔心一些還沒有發生的事情，譬如我的小孩十年後會怎麼樣？二十年後又怎麼樣、三十年後……，萬一不小心搭到太魯閣號怎麼辦呢？出生時原本就空手而來，因爲現在擁有了一些些，反而經常害怕失去；擁有越多，害怕就越多，結果什麼事情都做不了。

很多老一輩的臺灣人與馬來西亞人很節儉，吃隔夜菜、東西不能丟，有錢捨不得花；活著的時候一直辛苦存錢，有的人很有錢，癌症末期都快要死了，都還在擔心入殮要花錢。這是很奇妙的狀態，即使要離開這個世界，錢在另外一個世界已經用不上，卻把錢看得比生命還重要。

現在看得更明白了，我們從小就被灌輸一個觀念，就是要未雨綢繆，防範未然；晴空萬里時，就要準備好下雨天要怎麼辦？然而那些未知的壓力，或者擔心結局不如預期、害怕期待落空等，這些負面情緒很容易吸引相對低頻的事物來連結；一個很多擔憂的人，自然而然會找很多事情來給自己擔憂，於是「擔憂」就不斷出現在生活中，以至於大腦忙於應付未來，無法活在當下。

「活在當下」是否明天就不用吃飯和工作？這並非「活在當下」的眞義。舉例來說，當我們走進一間餐廳，從大門到餐桌的路程中，還記得腳下的磁磚地板是甚麼花色？或者帶位的服務生名牌上的姓名？可能身體會知道，但都被我們一一忽略；因爲一心急著要到達目的地餐桌。好不容易美食上桌，有的人吃飯只是爲了塡飽肚子，有的人腦袋還想著下一個小時要做的事情，或是明天開會前要交的報告等等；食物的味道已經不記得，好吃不好吃也都不重要了。大腦十分忙碌，每一刻都想著下一步要做的事情，我們跟隨著大腦的節奏生活，時時刻刻都在想著未來，無法專注於當下。爲了不可知的明天，讓自己生活在擔憂和想像裡面，可以說並沒有眞正的活著。

活在當下其實很簡單，就是「我」在做什麼事情的時候，就眞的全心全意去做這件事；吃飯的時候就好好吃飯，享受每一次用餐的時刻；嗅聞米香、咀嚐甘味，用心與自己與家人共處，而不是順便吃FB和IG。生活上大小事其實都只是一種體驗，而專注於當下會帶來內心的平靜和喜悅。

拒絕再當大腦的演員

我們需要時常保持覺察，分辨當下是否處在「大腦告訴我怎麼反應，我就怎麼反應」的狀態；分辨哪些是自己想像出來，這些都是大腦跟我們玩的遊戲。由於大腦不停地收集我們身邊的大小事情，嚴格來說，大部分都是大腦的垃圾訊息，如果沒有意識到「大腦」取代了「我」的功能，等於讓眞正的「我」每天坐在垃圾堆裡面。若了解大腦的運作模式，就能抽高一層去看見垃圾堆裡有什麼瑕疵，進而修復它。

當能夠分辨「大腦」和「我」是不同的存在，就比較能夠脫離大腦的框架，不再受到控制和影響。如果人生是一部電影，我們選擇當演員抑或導演？以導演的心態去過生活，應該可以過得很輕鬆；反之，如果把自己當成想把劇本演好的演員，那麼可能一輩子都演不好，因爲人生的劇本一直在改變。

當一個演員，就必須遵從別人的指令，任憑別人告訴你怎麼做；這個世界長甚麼樣子，都要照著劇本走，包括學歷、工作、賺錢，買房子、買車等等。從小都是別人灌輸給我們甚麼重要，甚麼不重要的觀念，爲什麼人生會是這樣？或者是只能是這樣？當我們一直想演好這齣戲，每天不停地設定人生的目標，如果這些目標都完成了，那麼下一步呢？又再設新的目標，然後又拚盡全力去達成。目標越設越高，最後，不知不覺活到七十歲，發現人生好像都沒有好好過，人卻已燈枯油盡，身體都是病！這樣的人生會讓自己遺憾的。

其實，我們每一天都應該要好好感受人生，每一餐飯都好好吃，找出自己的興趣去做，不停覺察自己的心裡狀態；最重要的是要「覺」到「自己」是一個導演，拒絕再當演員了，這是這本書最核心想分享的事情。

吧之覺

我們所看到的一切物質，分解到最基本粒子——夸克，其實都以無形的振動頻率存在。因為人類有身體和五感(視覺、聽覺、味覺、嗅覺和觸覺），這些振動頻率經「五感」接收後，由大腦投射出一個虛幻的物質世界。我們所有認知的世界可以說是由我們大腦裡的記憶所組織而成，而且每個人的世界都不一樣。

人類是很特別的靈性存有，需要被照顧才能夠長大，在成長過程中，大腦自動記錄從小到大接收的外界資訊，並且根據這些記憶建立習慣的回應模式；每當新的訊息進來，便隨時套用舊有模式來反應。

我們的教育主要都專注於外在世界，雖然對外的表達能力越來越好，懂得東西也越來越多，卻沒有教會我們如何探索自己「內心」的部分！由於太過依賴大腦的學習和記憶功能，久而久之忘記還有一個「我」的存在，生活在沒有「覺」的狀態中。沒有覺，知識變成了你長智慧的枷鎖。

於是很多人不自覺一直重複同樣的事情，明知道有錯卻還一直重蹈覆轍，無法檢視自己，因為沒有找到對的方法，因而生活在痛苦的輪迴中。有些人不願看見過去的那個自己，即使知道問題的原因，也不願意改變，而且也不知道怎麼改變，讓自己每天都在懊悔；有的人因為大腦喜歡作比較，被日以繼夜的不滿和憤怒情緒折磨著；有的人時刻防患未然、未雨綢繆，讓自己生活在擔心和害怕中，沒有辦法活在當下，享受生命過程中的細節與美好！

只要我們靜心，就能夠發現大腦之外還有一個「我」或者「覺」的存在。當我們能夠將大腦和「我」拉開一個距離，分辨當下是否處在「大腦告訴我怎麼反應，我就怎麼反應」的狀態；知道之後，我們要拒絕當大腦的演員！覺知這一切只是大腦的感受，而不是

「我」的感受，所以，我們其實——可以控制自己的「感受」，可以做出自己的選擇。

2021年，我領悟了一件事情：「不存在的存在，是為了『展現存在』的存在」，不存在的現象，只是為了要呈現出存在的樣貌，存在的意義，這就是二元對立的起始。也就是說，我們無法阻止大腦的對比功能，但可以選擇用甚麼態度去面對這個世界。

「色即是空，空即是色」，我們可以將身邊發生的一切都當成是流動的「訊息」，對於所看見和聽到的都能以訊息來看待——所感受的只是一種感受，僅此而已。這兩年我更清楚知道，我們能夠超越五感的存在。

吧之覺

第5章

全程靜坐

2021年5月經由神醫介紹，我開始認識和學習「全程靜坐」，靜坐的過程讓我明白過去累積的種種情緒，很多都來自於大腦的記憶與想像。這一年冬季發生了一些事情，我向公司請假之後，將近四個月的時間專注於練習靜坐和研究能量。每天早上醒來，時間還太早就「全程靜坐」；送小孩上課後，在家空閒時就「全程靜坐」；在車上等待的時間也靜坐；只要一有空檔，便閉上眼睛靜坐，因此進步很快。

練習「是怎樣就怎樣」

一開始練習「全程靜坐」時還放不下「呼吸」，沒辦法把「自己」完全放掉。很多靜坐方法一開始先教專注呼吸或去想像一個狀態，而「全程靜坐」反而要練習把一切感受、大腦的認知、之前學回來的東西全都放下，等於讓「我」與「大腦」之間沒有任何關聯，這是我覺得最困難的部分。

從前爲了緩解肌肉疼痛，曾經練習「觀呼吸」的靜坐方法，藉由專注呼吸的練習來轉移大腦的注意力，然而疼痛感帶來很大的情緒，只能暫時將問題推到邊邊角角，對精神壓力已瀕臨極限的人來說，緩解效果比較有限。但因爲已經練習了一陣子，後來開始「全程靜坐」時一閉上眼睛，第一個專注的還是呼吸，因此花了近三個月的時間才把觀呼吸的習慣慢慢改掉。

後來沒有專注呼吸的時候，很多過往不愉快的事情，未來想要做卻擔心失敗的情緒，還有在靜坐中跑出很久以前的記憶，或回到記憶裡面又開始擔憂還沒有發生的事等等，都會一五一十傾巢而出，這些雜念在腦袋中盤旋不去。靜坐時感覺很痛苦，因爲沒有一個方法能把這些雜緒穩定下來。

老師唯一教的就是「不要理它！現在『是怎樣就是怎樣』。」

這句話聽起來很簡單，好像「是怎樣、就怎樣」，但做起來其實很困難。也就是說，不管腦袋發出甚麼念頭或有甚麼情緒，盡量讓自己維持在一個平靜的狀態；不要理會那些訊息，提醒自己那是屬於大腦層級的事。這些在腦袋裡不斷產生的流動訊息，都是大腦根據記憶所組織出來的，其實跟時間軸一點關係都沒有。隨時要保持一個「覺」——「我」的意識在大腦層級之上。

消化情緒和雜念

在靜坐中，看到很多過往的人生經歷和不停流動的念頭，我開始好奇，爲什麼一閉上眼睛，大腦會有那麼多雜念跑出來？這種紛亂持續一個多月，有些不自覺擔心的事和一些夾帶情緒的記憶一直把我帶走。靜坐中看得很清楚，這些念頭跟從前殘留在心中無法排解的情緒有關。

一旦覺察到「我」被情緒或念頭帶走，就要跟它脫離關係；不要讓它帶著走，而是要等著它離開。當念頭出來的時候，內心知道那只是念頭：「我」不在念頭裡面，而在念頭之上。

其實情緒常被單向誤解爲悲傷或憂鬱等較爲沉重的振動頻率，然而不管是高興、亢奮或激動也都是情緒，當我們太開心也會變得自滿，所以爲什麼會開心？爲何做這件事情會讓你開心？卽使是正向也需要被了解，而不只是消化痛苦的事情而已。

很多人不敢回顧從前，但任何的過去都是有價值的；如果沒有那些過去，就沒有今天的我，重新將這些事情敍述出來。

每一天我醒來最重要的一件事情，就是告訴自己：「今天是新的一天，不帶有任何情緒把過去所經歷的事情一一消化，透過靜坐看到過去的你，並知道現在的你可以擁有選擇怎麼做。」

消化過去殘留的雜緒是需要時間的，有的人需要一周、有的則一個月或更久；我總共花了一個月，才全然把念頭和觀呼吸放下。當念頭減少之後，靜坐時會有一種抽離感，到達「我知道了」的狀態；知道我爲何會變成現在這個樣子，現在的擔憂是甚麼，這樣的想法和行爲是否有這個需要等等。

以前人生是沒得選擇的，就是會一直擔憂，才導致精神方面的憂鬱或躁鬱。過去我不知道能選擇不把自己放在那個時間點上，盡是煩惱這些事情，也從未將自己停頓在當下這個時刻，將鐘擺定格，不要再讓它擺來擺去！靜坐中的一切體驗，讓我領悟到只有在「這一刻」是眞實的，其它都是大腦憑藉記憶拼湊出來的。

靜止在這一刻

大腦拼湊所有的記憶，並組織我們的過去和未來，它所投射成爲我們所認知外面的世界；所以大部分的人以爲「大腦就是我」，這個認知造成很大的困擾。「我」的每一個思想和行動，都依照大腦推演做出反應，「我」是被操控的，同時大腦也成功打造了一個「小我」的存在。

只有抽離大腦層之後，才不再被大腦所組織的過去和未來牽著走，你會知道哪些是過去，哪些是未來，只要靜止在這一刻，便能夠認識眞正的「我」。

脫離雜念之後，有了「覺」的下一步，「智慧」就長出來了，自然便生成一套全新的生活模式。爾後對所有事件都會有自己的獨立的想法和一套邏輯，不再被過去的記憶或未來的想像束縛著，可以說完全脫離舊有的回應模式。

於是所有的記憶和經歷都能爲我所用，因爲這些純粹都是發生在某一個時間點、儲存在大腦某一個區塊的資訊，然而大部分的人以爲這一塊就是自己的全部，因而被困在裡面。如今有了「覺」，我開始能夠回到記憶中的某一塊，接受這一切的發生造就了今天的我，抽離來看每一刻當下的我，並能自主選擇、修復和調整自己的不足之處。

每個人都不是完美的，都有可能做錯事，內心也都存在著一些過不去或內疚的事。過去當我把這些腦中的念頭消化之後，更深度認識了自己，發現今天的我來自於過去的各種經歷，便能慢慢的放下並全然接受自己，然後更愛自己。在這個狀態下，當遇到生命中需要做出改變的時候，調整速度會特別的快，生活也會變得比較輕鬆。

重新編程

而當我們懂得如何愛自己，才懂得甚麼是愛，就不會強迫大腦去做一些自己不想做的事情，這就是「大腦的新編程」。通常寫程式是這樣：「如果發生這個狀況要怎麼做，發生那樣的情形要那樣做……」，大腦的編程亦是如此。有了「覺」之後，我們就可以重新去編程，可以選擇不一定要依照過去的舊模式，而是當某件事情發生之後，會有以下哪幾個「選擇」；這些選擇不同於過去大腦應對的方式，也許這個選擇行不通，但我們可以重新再跑一次程式，去看結果會是甚麼。

從前沒有「覺」的時候，也失去「修改程式」的能力，但是現在不同。當察覺到需要改變的時候，只要將編程改變一下，真心想要改變時，轉化速度是相當快的。靜坐提高了覺察能力，讓我們看到本來的自己，願意全然接受、包容和原諒自己，然後懂得如何愛自己，並且帶著「覺知」轉化，大腦有能力重新編程，成爲更好的自己。

從大腦層級提升到「我」的意識層級，這個「覺」是漸進式的，每天只要持續練習靜坐十分鐘，往往達到某一個程度的「覺」，慢慢的能夠把「我」跟大腦的這些事情脫鉤。靜坐講的是要脫離大腦層級的事，過去的記憶都是過往的經歷，在「覺」的狀態下，這些都屬於時間軸上的訊息拼湊起來的畫面，所以只能全然去接受它，才能全然活在當下，並且帶著「覺」去做選擇。

當靜坐能夠抽離大腦的影響，可以說進入了一種「入定」狀態（這是個人的感覺），意識自然升起一種「覺」。當「覺」出來的時候，會發現過往的一切就是塑造現在這個肉體上的「我」、日常生活中的「我」；「我」的一切包括那些數字、訊息、每一個事件的樣貌，一切變成一件件物體、一個個資訊。

「全程靜坐」幫助我知道這些都是訊息，就能在物質面的認知上做區隔，跟腦袋裡面的記憶拉開一點距離。有了「覺」之後，並非隨心所欲、爲所欲爲，在生活上亦需考量社會環境的狀況，法規和倫理等問題，用適合的方式融入在地生活，將靜坐的修持在生活中實踐。

「覺」後之生活實踐

我發現「先入爲主」是最容易讓人有情緒的，如果不知道這件事情的全貌，或者沒有預先認定它應該如何，在沒得比較之下，不會生出痛苦。就好像男女朋友交往，女生認爲他應該跟其他男生一樣，幫女朋友剝蝦殼，結果男朋友沒有這麼做，就覺得男生不夠愛她。這就是大腦的刻板印象，中間有一個對比，因而產生了情緒。現在每當情緒升起，很快就能察覺到「好像開始有一些情緒了」，我會盡快把時間軸拉回來，調回當下的這一刻。

以前情緒一上來，電話拿起來就打去，如今有覺察力，知道這個時候打電話過去是帶有情緒的，是「情緒」促使我去做這件事情。現在比較會沉澱下來，回到「覺」的狀態，知道這些是大腦給我的情緒反應，我現在可以選擇拿起電話來罵人，或者甚麼都不講，維持現狀，這是以前的我無法做到的。

今年（2022）7月的某一天去做健康檢查，我的心臟鈣化指數二十個月增加15分（正常是2分），肺裡面有很多毛玻璃，未來可能發展為「肺腺癌」。從前這件事情一定讓我十分困擾，剛開始聽到時心情還是不太好，因為這兩年的生活狀態比從前輕鬆，精神上也完全沒有壓力。晚上靜坐的時候，發現這些對我來說只是一個訊息和數字而已。若是從前，我會開始吃保健食品，找尋各種治療方式以延緩疾病發生，但現在我不再被它綁架了。不管多努力也好，就算不抽菸、不喝酒，時間到了我們都會去同樣的地方。有了這個認知之後，這件事情慢慢就變得平淡，不再影響我了。

從前我的大腦對「錢」的執念很深，當我知道這個生意可以賺錢，而且能力所及一定馬上去做，完全不用思考的。現在當我進入這個狀態的時候，已知道那是一種執著，但我可以選擇讓這個執著繼續或者停下來；過去是做決定，現在是做選擇。我不會跟以前一樣無止盡的追求物質，而是更珍視人生過得是否快樂，去重新認識和體驗這個世界，以體驗的心態去面對每一刻、每一件發生在自己身上的事，而不是執著於那些情緒。

分享「覺」

2021年5月開始「全程靜坐」之後，過去一年累積的體悟，幫助我在靜坐中鬆開與大腦的連結，通過一次又一次將殘留的情緒消化，更深度認識自己，許多體悟也更清晰通透。如今，朋友來訴說遭遇和困難，我都能夠知無不言、言無不盡地跟他們分享我的領悟，希望能幫助更多人練習脫離大腦的影響，帶著「覺」去生活，讓自己的心靈更自由、生活更輕鬆。

用甚麼態度去面對人生

我的朋友C來自公務員家庭，從小家庭教育相當好，高中和大學都能考上第一志願。大學畢業後他去一家小型科技公司上班，剛好遇到不大方的老闆，一直不給員工調薪。由於從小就被灌輸「工作要穩定、生活要安定」的人生哲學，以C的能力和才華其實可以找到更好的工作，但他不願意承擔決策的風險。因而十多年來幫公司賺錢沒有拿到分紅，受了很多年的委屈，但他就是不敢離職。

在身邊朋友的鼓勵之下，C終於下決心要離開工作超過十年的公司。在他決定要離職之前，我問他：「你現在的薪水沒有比過去少，爲何悶悶不樂？」C告訴我過去這個公司多麼風光，現在待在這家公司賺不到錢。

「賺錢眞的有這麼重要嗎？」我問，C堅定地說：「賺錢當然重要啊！」我說：「你在這家公司待了十多年，顯然『錢』對你來說並不是這麼的重要，不然你不會到四十多歲還不願意離開。」他說：「我要賺錢之後，回到老公司顯耀一番，跟老闆證明我是有能力的！」

有的人上班久了，就想出來創業，也有的人開公司累了，想回去上班，然而這並非創業的好理由。爲了幫助他更愼重做出選擇，我再問：「如果讓你創業成功，證明了自己，下一步呢？」C停頓在那裡，不知該如何反應，因爲他其實還沒有下一步的想法。換句話說，C給自己設定了一個目標，達到之後，人生似乎就失去意義了。

我繼續說：「從小我的人生目標就是要有錢，我就拼命的賺錢；不管多大的困難險阻，即使單槍匹馬，我也會勇往直前；甚麼柬埔寨、泰緬邊境這些地方我都曾去過。但如果連離開一間公司的勇氣都沒有，現在年紀也不再是二三十歲的年輕人，爲了賺錢而出來創業，你覺得這樣成功的機率有多大？反過來說，如果創業一定會成功，那麼百分之百的人都去創業，不會再有人想要去公司上班。所以，創業是有風險的，需要在對的時間、有好的機會，並且還要有人一起創業。」後來我還是介紹幾個朋友，與C一起開公司。

C之所以有這個心態，大多源自於家庭的教育，而太太也在公部門上班，每天都依照公務員的節奏過日子，夫妻倆的相處頗爲冷淡，失去了生活的情趣。C的人生不自覺被影響，不敢做自己有興趣的事情，也不敢冒險做決策，其實這是社會上普遍發生的現象。許多人尋求安定和安穩的生活，捨不得離開舒適圈，但又常常羨慕他人擁有的一切，顯出內心的矛盾。

經歷這兩年的各種變故，加上疫情長時間待在臺灣，才有時間好好檢視自己所經歷的人生點滴，而C的經歷更讓我體會到：其實人生可以很簡單——就只是一個「態度」。不管發生甚麼事，都只是一個「態度」，就是我們如何看待人生經歷的一切事情。

過程比結果更重要

整個世界的成像，都是大腦透過記憶與想像組織出來，然而我們卻常陷在大腦的念頭中不能自拔。其實只要稍微往外抽離一些，就不再害怕去面對很多事情；如果這個世上有鬼、就有鬼，有魔鬼、就有魔鬼，若有死亡，那就有死亡，其實並非多大的一件事。我們所經歷的一切都只是一個過程，一種生命的體驗。

每一個人都擁有一天廿四小時的時間，不會更多或更少一點，任何人終將面對死亡的時刻，沒有人可以「活」著離開，無一例外。因此不需要執著於這輩子一定要做什麼，沒有完成就覺得遺憾。其實只要好好經驗人生的每一天，享受現在所做的每一件事情，無論工作或生活上找有興趣的事情來做；如果每一件事情都從「快樂」的角度去做，我們就有辦法把事情做好；當我們能夠把事情做好，生活就能過得更快樂，也就不會找這麼多事情，讓自己天天擔心受怕。

但如果凡事只為了錢，這樣內心是永遠不會快樂的，反而讓自己成為社會制度下的金錢奴隸；因爲做這件事的目的只是爲了「錢」，並沒有享受過程中的樂趣。其實過程往往比結果更加重要，譬如我們種花，若一心只想看到開花結果，反而忽略了觀察和感受小樹苗的成長過程；然而看著種子發芽，樹苗一天天慢慢長大，難道這不是更重要嗎？

即便過去日子那麼難，我發現這些辛苦是爲了今天這個時刻，讓我能夠向更多人分享人生的經歷。因此，今天做每一件事情，我都不會將它看成是工作，更不會給它貼上各式顏色標籤，而只是看著它發生，它如何繼續發展。

接受發生的一切沒有好壞

現在我「覺」到過去發生無論是快樂或痛苦，都是爲了這個時刻所發生的事情。過去所做的每一個決定，讓我們走到今天這一刻，發生這一件事情，一切的發生都與過去有連結。因此我們要接受所有事情沒有好壞，它只是一件應該在這個時刻，注定會發生的事。

當我們用平常心去看待，就能夠接受身邊所發生的一切因緣。就好像今天遇到一個冒失鬼，差一點被他騎車撞到，有的人情緒一下起來，忍不住就開罵。但是否想過，爲什麼這個時間點會出現在這個地方，然後被機車撞呢？如果晚一點出門，或者先去洗手間一趟就躲過了！也就是過去的點滴，造就了這一個時刻；很多事情它該發生就會發生，只是我們要用甚麼心態去面對。

現在知道，一切事情跟自己用什麼「心態」去看待人事物有關——You and only you，跟別人沒有任何關係。我也一直在學習和自我訓練，不要被舊有的認知給框架，影響到自己的情緒。例如過去開車，遇到霸王車時內心會很煩躁，但現在瞬間會提醒自己：「他就是因爲過去發生種種，造就他今日開車是這樣！」整個心情於是又好了起來。

我曾經在臺北市忠孝東路三段，看到一個開保時捷跑車的人停在路邊，一開門下車就直接在街上小便！看了眞的讓人難以接受。但如果抽高角度去看這件事情，他的人生必然發生了甚麼，造成他今天做這樣的事。他心裡沒有任何社會責任，覺得這個社會虧欠他；也許他認爲這個世界從未對他做過什麼，反而帶給他痛苦，造成今日他的反社會人格。所以如果懂得接受這個狀態，其實很多情緒波動自然而然就會減少。

當抽離情緒去看待這些事情，就會知道：「這只是在這個時刻會發生的一件事情，沒有絕對的對，或絕對的錯。」有了這個「覺」之後，面對不好的狀況，你「知道」並且接受，可以減少不必要的情緒。這個「覺」就是讓我們「看到」人生的眞相，過去不管說過什麼話，做了什麼事，未來都會發生一個「果」，只是這個果現在還不知道。

近日看到一則死亡意外的新聞，一位老師開車在高速公路上，無端被卡車承載的鐵片砸到而往生，時間就這麼巧！如果上高速公路前，先去加油或隨便去買一個東西……，厄運就可能擦身而過，然而這個結果似乎無可避免。就好像如果更往前推，是不是幾十年前沒有建造這條高速公路，就不會發生這一場災禍？在這個時間點上，該發生的就會發生；如楊定一博士所說：「所有發生的事情，都已經是注定好的。」所以事情的發生沒有好或壞，只是呈現過去種種的累積所造成，在這個時間點上會發生的一個「果」。

我覺悟到今天在生活上發生的一切事情，都是自己過去傻傻的、聰明的，或者自以爲是的每一個決定所造成，那麼今日的一切選擇，是否能改變未來的什麼？也許可以預測一個方向，但沒有人知道下一個時刻，或者明天會發生甚麼事。每一天有幾萬人在床上一睡不醒，忽然離開這個世界，又怎麼知道其中一個人是不是自己?

每一天發生在身邊的事情都是一個體驗，讓我們有機會學習用「大愛」的態度去看待這個世界。當我們從「大愛」的角度去看待身邊發生的所有的事情，就能夠「換位思考」爲什麼他會這麼做?每一件事情都是過去點滴累積而發生，才會造成他今天做了這個決定，如此才能同理他人的痛苦和困難，知道一切事情只是這個時刻它應該發生，如此而已。

重要的是此刻你的選擇

在個人的宇宙中，一件事情的對錯、或對自己影響的程度，這些都是經過大腦比對之後判定的;如果沒有比對，就沒有對錯。然而我們大部分時間生活在二元對立中，決定本身雖然沒有對或錯，但大腦依據過去的經驗做比對，給這個決定自動貼上「對」或「錯」的標籤。如果因爲有人做了一個決定，其產生的結果讓你感覺到不舒服，就要「反思」爲何這件事情會影響到你?不是自責，而是反思。如果這個結果的起源是自己的錯，知道之後反而會更開心，因爲發生這一切原來是自己的選擇，既然發生了，就接受這個結果。

很多人永遠先指謫別人「是誰犯的錯」——大部分的人覺得「都是別人的錯」，突破這一個盲點的覺察很重要。從前我常認爲都是別人沒做好，一直向外指責；然而每天當我們一開口就批評和埋怨別人的時候，其實就在自己身上造了不好的「因」，不只情緒受到影響，每天發脾氣也會影響身體的健康，不是高血壓就是心臟病。其實很簡單，先檢視自己，接受這個緣分帶來的因果，你就不會再指責和生氣了。

現在越是靜坐，越發現很多事情都是自己的錯，這不是在苛責自己，而是大多數的結果，都跟自己所做的「決定」有關係。

我們今天所有的遭遇，其實都是自己的問題；你決定跟這樣的人在一起，選擇結婚、生小孩，跟誰交往……，過去種種決定造成今日的結果。所以今天怎麼決定，未來的結果會是這樣，因與果是跑不掉的。從前決定唸哪一所學校、考試幾分，有沒有用功唸書，都是爲了來到現在這個時刻；而今天發生種種，也都與過去的選擇有關，無論我們是否還記得過去的決定，都無法改變已經存在的因果關係。然而，當我們開始認識自己、接受和原諒自己，愛自己和愛身邊的人，相信能夠改變存在的因果關係。

決定的本身沒有絕對的對或錯，因此不需要去討厭、責怪，甚至怨恨自己；而更重要的是「當下」這個時刻，我要怎麼做決定？如果還是依照「舊」的模式繼續下去，那麼生活不會有任何改變，但如果意識到「我可以做選擇」，就不必再執著於過去的思想巢臼，重複過去的行爲模式！把過去當成一種助力，還是阻力？當覺察到過去的情緒影響現在的你，就可以做出一些調整，不要讓自己的狀態一直停留在過去式。

無論此刻你的心情是快樂或痛苦，只要有「覺」——只要你醒了，活在當下，就能夠做出獨立的每一個選擇。當你學會選擇以快樂的心態去面對人生，那麼再也沒有任何事情能夠讓你自尋煩惱，去擔憂那些還沒有發生的事情。

金字塔內的體驗

腦內記憶來自各種生活上的感受和體驗，當我們陷在不愉快的記憶裡，究竟是體驗記憶，還是被記憶體驗？很多人把記憶當成是「我」，將大腦的想像當作是「自己」，造成反覆的痛苦！其實這些都是大腦的決定所帶來的結果，而「我」被強迫去經歷這一切。

當我們受困於腦內記憶和情緒中，通常「忘了」感知當下的這一刻；現在成爲過去，未來卻變成現在。每一個「當下」的瞬間快速飛逝，未來瞬間變成了過去，沒能留得住；現在想到什麼，動一下念頭就成爲過去，而未來又飛速來到，轉眼間又成爲過去！「你」現在的時間軸，停留在哪一刻？

只要回到這個當下，就可以回到眞實的「我」，當我們淸楚知道哪些是記憶創造的想像，哪些是「我」當下的體驗和經歷，心便能夠輕鬆自在。我是開車的人，或者是車上的乘客，任由駕駛人去擺佈人生？如果「覺」了這個狀態，我想這就是體驗到「覺」，其實很多事自然就有了答案。

我們公司裡面有一個依照「能量金字塔」結構設計的空間，坐在金字塔裡面，能感覺到記憶會被帶回一個事件的起始「點」，看到自己所做的決定，以及整件事情的眞實樣貌。有時候我也會帶著朋友進去金字塔聊天或靜坐，爲了幫助他們看見事情的原委和眞正的自己，並且看到眞相後能夠重新做選擇，而不是用逃避的心態或負面的情緒去面對。

我們的每一個念頭或情緒，都是帶有能量的振動頻率，透過對話所產生的音頻，將這些思想和情緒的能量傳遞到金字塔的空間中，金字塔的特殊結

構能將這些能量以某一個角度向上震盪，一分作二、二分作四，不斷對稱分裂。那些有錢沒錢、好與壞，對和錯，大腦一直在作對比的訊息不斷在金字塔內震盪，最後匯集到金字塔最頂端，把所有的雜念重整起來，回到那個置高點。當我們的意識從塔頂往下檢視，看到是甚麼讓自己不舒服？發現原來這只是一個情緒，和情緒上的反應。

一時想不開或情緒不佳的人，在金字塔內經過引導，大多數內在會升起一個「覺」，清楚看到事情的經過，看到自己的情緒反應，通常看到之後心情會比較平靜。當我們能覺知到所有的經歷，一切都只是訊息而已，知道這些事情都只是暫時的，你就會越來越清楚，有沒有它並不重要；無論發生甚麼事情，我們都是要去面對，全然去接受它。

如果人生是一部無法停止播放的電影，我們要悲觀的態度去面對，或者接受已經發生的種種，並且以正向的角度去看待？不管做甚麼決定，劇情仍然繼續發展，直到生命的終點。而我們能做的就是選擇用甚麼態度，去面對每一個時刻發生的事情。去創造一個快樂的宇宙，看到誰都好、都開心；還是創建是一個擔心害怕的宇宙，生活在狂風暴雨的每一天？

找回生命的主體

很多人的心態是這樣，老想著如果那時候我嫁給誰誰誰，我今天就不會遇到這些事情；那時候怎麼樣，那時候……，不斷把時間往前推，一直責怪那個時候的自己。很多人爲了過去的選擇，從早到晚自責，沒有放過自己，讓自己活在過去的記憶中，並沒有眞正活在當下。

最近，內心升起一個智慧，領悟到「『本來』自腦，『如來』自心！」

過去的經歷形塑了我的「本來」：「這個東西本來是怎麼樣的，透過大腦比對之後，產生一個『本來』應該是如何、我『本來』應該做甚麼，或這件事情『本來』是怎樣等等。」因爲跟現在不同，所以稱之「本來」，也是大腦比較之後的一種狀態。

然而即使經過種種優劣分析和比對，羅列一百種可能性，最終還是有錯的可能。因爲當大腦做出決定，它只是塡補一個你想要聽的答案，說服你這個決定有甚麼好處，然而其它的壞處是你想不到的。

這是大腦控制之下所做的決定，若來自於「心」，它會告訴你怎麼做選擇？

決定和選擇不同，選擇是一個出自於感受，它擁有多重的選擇，不再使用大腦去思考與判斷，而是「感受」這件事情之後，出自於內心深處的一個反應，知道我需要怎麼做。由於無法預測結果，可能更好或更壞，因此從「心」來做選擇。

決定有一個來自於大腦判斷的邏輯，藉由過去經歷去預期某一個事情的結果，以此作爲依據所產生的行動。這套邏輯也可以說是一個程式的編程，它就是長這個樣子，所以無論怎麼繞、怎麼轉，最後來自大腦的決定都還是這一個，因爲這是大腦資料庫已經編寫好的一個程式。

「如來」來自於「心」，從「心」選擇不需要深思熟慮，加以很多的註解，或者經過各種比較才做的決定，而是自然而然來自內心的感覺——我應該要做甚麼樣的選擇。

面對生離死別、生老病死，心都會苦，然而心若自在，則可以跳脫自然的現象，自在地生活在這個世界。心若是被太多的思緒和雜念所障礙，一直被外界牽著走，自然忘了自己的存在，也就失去「我」的主體性。

曾經我有很長一段時間被困在泥沼中，一心想要賺錢忘了自己是誰。我花了許多時間、金錢，走了許多冤枉路治病，回首這一段生命歷程，最想跟大家分享的是：「我們常常忘了自己的存在，其實只要能找到『本我』，很多煩惱、困擾、失眠、憂鬱症的問題，自然都能解開。」不需要一直吃藥，困在因果復加的問題中。

過去由知識拼湊出來的「我」，現在已然知道「本我」的存在；我的身體任何一處都是一個頻率，所學到的所有知識，都只是以某種頻率組合在大腦裡面，而「我」則超越這一切資訊的存在。當我放下這幾十年來接觸到的人，學習到的事物，除了這些「我」還剩下什麼？這就是我所體悟的「本我」和「覺」。

當我們不斷提升「覺」，其實人生可以過得比較輕鬆。

每天無論發生甚麼事，我們只有兩個選擇：「做、或不做。」不需要懊惱過去或煩惱未來，只需關心現在的自己，好好活出現在的自己，至於這一刻需要做什麼，現在就開始著手去進行。這個轉變來自於在靜坐過程中，我找回了自己，找回控制人生的主體。當你找回「我」存在的主體性，跟著「心」走，你的心會知道做什麼選擇最好。

吧之覺

有的人從小被生長環境和身旁的人影響，不敢做自己；長期變得不太知道「我」是誰，忘了「我」的存在，誤以為記憶組合出來的你，才是真的你，也遺落了自己的天賦才華。只有找回「我」存在的主體性，跟著「心」走，「心」會知道做什麼選擇最好，因為我們都無法預知，這個決定之後的結果。

放掉對未來的擔憂和害怕，這些都是從小到大，大腦被教育要預防可能發生的未知。我們應該要去享受現在做的每一件事情，而且以「體驗人生」的角度找有興趣的事去做，這樣我們才能把事情做好，並且享受這個過程。不是沒有目標，而是了解這個目標從何而來；目標不是結果，而是過程，也不是因為任何人，其實就只是更認識自己想做的事。

其實，即便這個世界變得更好，也都還會有問題存在；亦或這個世界只剩下你一個人，「為什麼只有我一個人？」也還是個問題！

吧之覺

既然問題都在，我們應時常向「內」看，把人生當成一個體驗，學習用大愛的態度去看待這個世界，並成為更好的自己。當你懂了，人生其實真的可以很輕鬆。

從他人身上我們看見二元對立、世界對比之下的差異性，透過對比的視野可幫助我們理解自己，做出相對不被記憶干擾的選擇。

每一個決定的本身，並沒有對錯；對或錯是大腦比對之後所獲得的答案。只要你醒了，活在當下，你就能夠做出不被自己經歷、記憶或渴望所影響下的選擇，並且接受一切的結果，之後也會做更好的選擇。很多人常常會用理智說服大腦做決定，這個很容易會帶來日後的懊悔。

人生是一部無法停止播放的電影，我們能做的就是選擇什用麼態度去面對，悲觀或正向？神奇的金字塔能夠裂解負面頻率，提升意識到更高的層次，讓我們脫離情緒抽高去看待事情。

第6章

覺與訊息場

發現過去和未來的訊息都是大腦的產物，有一個方法能夠校正大腦的ING（當下進行式）。首先設置一個計時器，閉上眼睛去觀想「你」在過去發生的事三分鐘，再觀想未來「你」可能會發生的事三分鐘；張開眼睛停頓十秒鐘，然後再閉上眼睛，再重新觀想你剛剛所觀想的過去與未來。將發現是「你」將過去和未來組合出來，而「你」就是那位觀想和體驗過去和未來的主體。

生活在「覺」的狀態

「全程靜坐」並不是一個宗教派別，而是作「習閒」和「覺察」的訓練，我領悟其講求的重點就是「覺」（Awareness）——任何時刻都要生活在「覺」

的狀態，十分清醒地感受當下，時時刻刻都在感受自己。

靜坐中我覺知到一個宇宙定律：「我們在什麼時間出生、父母是誰和人生要經歷甚麼，這些都無法自己選擇，也無法抗拒這件事情該不該發生，這一切都是宇宙運行下自然而然和注定會發生的。」既然如此，我們就全然去接受，並且選擇「用什麼態度」去過我們的人生，只要「清楚知道」就好。

「全程靜坐」時什麼都不想，因而能夠清晰覺察到「大腦」升起的每一個念頭。經過每天持續穩定的練習，便能養成在生活中自動「覺察」的習慣；時時刻刻能保有靜坐中「覺」的狀態。學習「全程靜坐」之後，我開始練習「覺」著腦袋裡的念頭，而不是任由自己陷在念頭理面，掉進大腦情緒的陷阱裡。每當有不好的思緒升起時，都能快速地把自己再拉回來。

今天無論在任何時刻，沒有講話的時候我都在感受自己的情緒，或者在談話停頓之間，也在感受著自己的心情狀態。就是不管睜開眼睛也好、閉著眼睛也好，都在全程靜坐；也許這就是席長安老師取名「全程」靜坐的原因。

我們習慣於用大腦下達指令，這個指令多半是說：「我現在不要再想這個事情。」出現這一句話的時候，表示當下還沒到「覺」的狀態，因爲「覺」

是超越文字的；現在靜坐，我的大腦已經不會再專注任何事情了。

每一個人都有適合的靜坐方式，差別在於起步方法不同而已，而所有的靜坐方法，都希望能夠進入一個身體放鬆和大腦深度休息的入定狀態。

發現「我」的存在

每個人的靜坐狀態不同，我在靜坐的時候，頭頂百會穴的感受十分清楚，通常有一股氣向上冒出，頭骨有一種被打開的感覺，並且左右兩邊的太陽穴也越來越膨脹；靜坐時間越長，感覺到太陽穴越飽滿。長時間靜坐之後，我的「松果體」被開啟，讓我清楚知道在肉身之外還有一個「我」的存在，「大腦」並非唯一的自己。

譬如，現在閱讀這本書，是「誰」在感受？又例如跟朋友說話，是「誰」在聽？很多人就說：「是我、我呀，我的大腦啊……」，但其實不是！有一位更高的主體（或稱高我）去組織這些耳朵、眼睛和其它感觀收集回來的資訊，是這個身體的擁有者，這位主人感受這些事情；「情人眼裡出西施」這句諺語，我猜想應是「高我」組織出來的西施吧！

我們所處的世界，所有看到、聽到、吃到、聞到和摸到的都是能量，包括一切聲音、氣味和物質等。說話的聲音經科學驗證，這是一個頻率；肉眼看見的和觸摸到的一切都是振動頻率；包括鼻子聞到的氣味、嘴巴吃進去的食物，全部都是振動頻率。這些能量經由「五感」去感受，然後再透過大腦組織成我們所認知的世界。

我們肉眼看見任何一件物品，它的顏色只是光的反射，從不同的角度所看到的樣子也不一樣。如果將你看到的眞實和我看到的去比較，誰看到的才眞實？其實我們所看到的是同樣的世界，每個人其實都只看到這個世界的一小部分；所以你的世界和我的世界，其實是透過某個頻率在連結。

在物質的世界裡，站在不同的角度，如看到臺北101大樓的顏色會不一樣；同一件事情，每個人看到的面向多半不同。就好像講一句話，聲音本身帶有一個頻率，你聽到、他聽到和我聽到的不盡相同；加上大腦的判斷，有人聽到是正面的，有的人聽到是負面的。由於每個人的五感敏銳度不同，人生的經歷也不一樣，因此我們的世界不會一樣。最常發生的就是有些女生看電影或電視劇哭得好慘，但大部分男生都覺得這些是編劇編出來，有什麼好哭的。

通常，我們對於看見或聽見的事情，都會加上個人的判斷，然而是「誰」在判斷？是「誰」看見101大樓的顏色？科學領域認定大腦無法分辨顏色！今天我們去看一部電影，是「誰」在看電影？是大腦、身體，或是「我」？是誰隨時在感受身邊發生的一切？是「我」！但「我」在哪裡？是誰把聲波、光波組織起來，變成好笑、恐怖，或難過等各種劇情？

現在我們要把「我的」跟「我」分開，那個「我」，不是大腦，而是擁有這個身體的主人。如果「我」不在，完全交由大腦去判斷，表示「覺」(Awareness) 不存在。這就是《覺 (Beyond Mind)》想要傳達的訊息。

覺 (Awareness)

剛開始學「全程靜坐」的時候，老師一直在講「覺」，就是靜坐要達到一個「覺」的狀態，但到底「覺」是什麼？後來我逐漸領會，就是楊定一博士曾經說的「我們現在所懂的知識，只能到達不可知的門口。」無論我們怎麼努力往前去探索，都只知道所能知道的事情；有許多看不到、無法觸及的領域，我們還是無從得知的，人類無法跨越自己不知道的事情。

由於我們的大腦產生了自己的一個宇宙，我現在所講的每一句話都是我的腦袋發出的頻率；我把感受到的世界，用我的語言表達出來，就是這樣。我能夠不停地去敍述顏色，但聽者永遠不會知道我看到的顏色是什麼。

看了許多靈性影片後，發現大家講的是同樣的東西：「你在被你的大腦控制，或者是你在控制你的大腦？」如果以身體比喻爲一台電腦或手機，大腦如同內建記憶體，儲存了我們的所有資訊，甚至保留多年前早已忘記的電話號碼；無論生活大小事我們都用手機處理，把自己想要記住的事情依靠一台設備全部記起來。你會發現，其實手機比我們還更認識自己，那我還需要存在嗎？

一台可以使用的電腦，除了有CPU、螢幕、內建鏡頭、鍵盤等之外，還必須有一位操控電腦的人；我們的肉體和靈魂的背後也有一位生命的操控者，即擁有意識的「我」，卻經常被遺忘。人類一旦有了「覺」，就能選擇當一個被電腦操控的人，還是成爲電腦的操控者。

而眞正的「覺」，就是能夠淸楚看見每一個當下的時刻，知道這一刻的存在，做這一刻的事情。如果一直思考著已經發生的事或擔心未知的將來；不是回到過去，就是活在未來；那麼在當下的這一刻，不存在眞正的「覺」。這個「覺」就是要告訴我們，只有這一刻是眞實的，其它的都只是你的想像；這就是「覺」。

覺上之覺

經過一段長時間靜坐後，我發現「全程靜坐」最主要想講的就是「覺」，覺是觀察所有事情的觀測者，但是誰在觀察這個觀測者？也就是說覺之上還有一個「覺」。是誰在感受物質世界的振動頻率？當一個人能感受到比物質身體更高的頻率，代表處在更高維度的「覺」；「覺」的上面還有「覺」，之上還有更高的「覺」。每一個「覺」都是感受振動頻率的精密儀器，就好像我們「感覺」到疼痛，疼痛的本身就是一個頻率。

每一個人在靜坐中都能感覺到在物質身體之外還有一個乙太能量體

（Etheric Body），而當「覺」提升到更上層的時候，就會感受到「情緒星光體」（Emotional Astral Body）的存在。也就是「覺」存在時，我們將知道不單只有「物質身體層」（Physical Body），還有更高振動頻率的其它人體能量層。每一層級的「覺」可以感受不同的振動頻率；更上一層則感受到心智能量體（Mental Body）的存在，當「覺」到達最高層「因果體」（Causual Body），相信我們將「知道」一切事情的來龍去脈和因果關係。

「覺」在不同的層級，我們面對外界所做的選擇也會有所不同。靜坐若一直停留在大腦層，生活中就不存在「覺」，也感受不到更高維度的振動頻率。而當「覺」不斷提升，可以感受到的振動頻率也相對提高。首先，我們超越物質大腦的侷限，覺知到「乙太能量體」的存在；接著再提升，感受到「情緒星光體」，我們的「心靈」也會越來越敏銳，第六感（心電感應）被開啟；接著「覺」往上提升到「心智體」，我們可脫離大腦的世界，變得更有智慧。

靜坐入定

有些人靜坐到某一個程度之後，靈視力會被開啟，我感覺到自己通過長長的隧道，到達盡頭之後意識便「定」在那裡，眼前出現的景象一直不斷的變換。

靜坐前的狀態，會影響入定之後所去的維度，由於進入的時間點、意識狀態、松果體的活躍程度等條件不同，因此每次進入看到的景象也會不一樣。但如果執著於要看到什麼，或者事先設定要進入哪一個維度，反而適得其反，什麼都看不到。放下大腦層的念頭和執著，也只有放下才能接觸到更高的維度。

我有一個好朋友，這兩年才開始靜坐，但是已經到達隨時隨地十秒即可「入定」的高度。有一次我們彼此共修，他告訴我，「前一陣子你在靜坐中看到觀音菩薩、天使光和壇城，我最近也看到了佛祖和觀音菩薩！原本我想要問一些問題，但因起心動念，瞬間就掉回來。」其實，當我們想用三度空間的「語言」去溝通時，表示那一刻還停在大腦。

通常靜坐入定後，會完全感覺不到任何身體的反應，但我知道意識是清醒的；只要維持在那個狀態，可以長時間不吃不喝。所以，我能夠理解過去許多高僧、法師一旦進入「定境」，爲何能夠三天不吃飯，不上廁所，基本上就是身體的新陳代謝全都停止了。

入定的次數越多，就越熟悉進入其它維度的路徑——長長的隧道，但無法事先設定要進入哪一個維度。在地球我們有臺北、巴黎或紐約等地名、有經緯度和地圖座標，然而靜坐時刻的意識無法事先錨定要去哪一個維度。我們在地球上看到的景象都是光波的折射，但在其它維度，並不存在物質或光折射的景象，所看見都是不斷變化和浮動的的幻彩。在這個狀態下，我唯一可以做的就是「我知道」和全然接受。

高維度訊息場

原本我的專業背景是程式設計師，因此不太涉獵關於脈輪、光、或訊息場等能量知識，但自從認識李嗣涔教授和練習全程靜坐之後，無意間才發現在我所認知的世界之外，存在著多維度的宇宙。

李嗣涔教授曾經說過：「『靈感』就是來自靈界的感覺。」

我的第三隻眼跟其他人可能不太一樣，一般擁有超視力的人，多半看到的是不同顏色的光或者靈異世界，而我看到的都是各種流動的圖像、幾何圖形、跟地球人不一樣面孔的人物、房子、卡通世界等，很難具體去描繪所看到的這些異象。這讓我想到「寶可夢」作者描繪的整個故事，其實都在講「能量」；他畫的動物，都能夠清晰呈現牠們的樣貌，形體也是半透明的，如同我看到的一樣。而我相信那些在電影或遊戲中「被創造」的各種類型卡通人物，並非作者虛構，而是確實存在於不同的維度的世界裡。

如果必須形容在其它維度所看到的景象，「火山爆發」是比較貼近的一種狀態；火山不斷噴出熔岩，不同色彩和圖像不停地迅速變換。我感覺到自己的意識在飛行，不曾停下來；周圍的景象一下子出現熔岩，轉眼又變幻水漾等。意識決定「知道」的內容，就像量子力學所說的「波粒二象性」，當你監控觀察時，它是粒子的特性，沒人看的時候，它就是波的特性；我進入某一個維度所看到的，只是在這個時間點上某種高頻意識流動所呈現的能量樣態。

有一部電影《奇異博士（Doctor Strange）》，我看的次數不下百次，其中有一段奇異博士被開第三隻眼的電影情節，可以稍微解釋其它維度的現象：

「古一法師下了一個指令 "Open your eye!" 以大拇指印在奇異博士的第三隻眼，他的靈體一下子就飛了出去，進入到另外一個空間。」電影畫面呈現靈體衝破地球帷幕、引爆能量場碎片，這個場景跟我進入高維度世界看到的景象很類似。可以說 "thoughts shape reality" 意識組合想法、法創建眞實。

在高維度的世界裡，所有物質一直不停地在變化；如果想在三度空間停下來，去海邊吹吹風，這不可能發生的。在地球上，肉眼所見的物質世界，大多都處於穩定或靜止的狀態，即使形體變化或移動，也在肉眼視力可辨識的範圍內。其實，多重宇宙裡沒有一樣東西是不動的，任何物質都是動態的存在，只是肉眼無法一一看見。這個情形下，我們無法控制外在的「動」，但可以強化內心的「靜」，如此比較看得清楚眞相。

更高維度的世界是一個能量不斷變化的信息場，在這個場內我的意識被環繞三百六十度沒有任何方向性、持續變幻莫測的能量波包覆著，對比入定狀態的「靜」讓我感覺整個世界以我爲中心，就像是一個太陽定在那裡，周圍的能量不停轉換，唯獨我不變。以「靜坐入定」解釋頗爲接近：當意識進入比較深層的「定」，無論周圍的世界如何變動，靜坐者的意識如如不動。

曾經有一次，入定之後進入很深的內在，經歷到「我」的存在只剩下一個「點」；在那一個時刻，感受到「我」超越一切，我就是宇宙，宇宙就是我；當時我就是知道，如此而已。

雖然脫離大腦的限制之後，經常在其它的維度看到許多奇異景象和不同的能量符號，但這些對我來說並非靜坐的動機和目的。在靜坐中我想要更認識自己，更全面的感受到自己，感受沒有被環境或其它雜訊干擾的自己，這件事情對我來說更形重要。

超越五感的存在

曾經問神醫一件事情：「爲什麼我拿『覺之花』去給一些人體驗，他們卻感受不到『覺之花』的力量，即使我已經將能量加到很大？」神醫回答：「他們感受不到『覺之花』是因爲被很多外在的頻率干擾。」

所有物質的本質是某一個特定頻率的波，當我們聽或看不清楚的時候，表示被其它的波干擾。就好像看電視時，有人站在前面擋著電視，自然會看不清楚；或聽歌時現場有小孩子的哭聲，或有人吵架，自然也聽不到音樂的細節；當你在品嚐美食，突然有人拿著臭豆腐經過，也會干擾到食物的氣味和口感。

後來我發現，如果我們想要看清楚一件事情，最容易阻擋我們的是過去的「記憶」；譬如剛開始談戀愛，記憶還是一張白紙的時候多半是「熱戀」，相處過後創造了許多好與不好的記憶，有些阻礙了「愛」的感受，就變成了「冷戀」；也因此常有人說「因陌生而相愛，因了解而分開」，「先入爲主」讓我們看不清楚事情的眞相。

只有將所有的干擾降到最低或不存在時，我們的意識才能夠跟整個宇宙頻率相連結。靜坐其中的目的，就是要超越記憶的干擾與降低阻礙，我們才能夠把事情的眞相看得更清楚。

在三維度的物質世界裡，我們看到的任何東西都是光的反射，但只侷限於肉眼所能看見的光譜內；同樣聲波也受限於我們能聽見的頻率。事實上這個宇宙存在著許多超越人類五感能接收的世界，至於範圍到底有多大，是我們無法想像的。其實古人留下很多智慧方法，教導後人如何去探索那些超越五感以外的高維度世界，但大多數的人寧願停留在三度空間，堅持眼見爲憑。

從前自己常常會用科學的角度去看世界，和解釋所有的事情，然而，就像精子和卵子結合變成小孩，我們眞的也不知道到底發生了什麼事？爲什麼細胞分裂到一定的數量之後，就變成了心臟和眼睛？有人說是基因，但所有的細胞都一樣，怎麼會有的長成眼睛，而不是一起都變成心臟了呢？因此，科學永遠都在解釋結果，卻無法解釋來歷與過程。爲什麼有電，電是什麼？爲什麼有磁力？我們只是知道它存在，就像銅線能導電，就只是知道而已。

然而科學還沒有發現並不代表它不存在，而是目前的科學儀器還無法偵測到；因爲不能證明就直接否定，使得人類停留在大腦的侷限，沒有進一步探索更豐富的心靈層面，因而現代人只在乎大腦語言和感官連結，徹底忘了彼此間在精神層面也能夠互通。人與人的連結若建立在外在的五個感官，比較無法好好溝通；但如果在心靈層面形成一種默契，這種連結不需要經過大腦語言就能夠溝通和理解。

過去一年「覺」的過程是漸進式的，一開始並非閉上眼睛就能到達一個境界，但如神醫或席老師長期靜坐的人，幾秒鐘之內便能直接入定，這些都是在靜坐之中自然而然會發生的事情。

靜坐到後來，「我」的意識進入到另外一個世界，到目前爲止，無論是中英文，都還沒有找到適當的文字能貼切形容我在其它維度的感受，也許「梵文」能更精準的表達。若用最簡單的文字來形容，那麼就是一個「知道」的狀態；就是「知道」而已，沒有其他的了。五感全都不屬於那個維度的世界，所有屬於身體層面都要放下，然後才能夠抽離。這一切的發生都在大腦身體以外，進入深層的內在之後所發生的靈性經驗。

五感之外的經驗

人體能量場可說是訊息的傳導通道，有的通道是AM，有的是FM，有的人可以跟人類以外的靈界溝通，或看得到光波或光匯聚的人形；有的人則能心電感應但沒有靈視力；有的人能看得到畫面或聽得到聲音等；過去在我身上也曾發生一些靈異經驗。

某晚十一、二點，房子裡靜悄悄，靜坐不久之後就聽到一些奇怪的聲音，那是一個在床邊發出的很低沉，聽起來有點像電影裡面詭譎的背景音，或者像是外星人以氣音傳送的天語。當時我的眼睛閉著，黑暗中意識特別明晰，當聲音在空氣中震盪的瞬間，不禁起了全身雞皮疙瘩，寒毛一根根直豎起來！當年對於靈界或其它維度的事情還似懂非懂，也許看到影像反而不會害怕。

另外一個靈通的經驗，發生在學習全程靜坐之前。有一次跟幾個朋友去臺北市某座知名的寺廟靜坐，剛開始沒有甚麼特別的感受，只是內視中看到一些紅光。後來到了寺廟誦經的時間，我們就一直被廟方驅趕，「這裡不能靜坐，那裡不能靜坐。」迫使我們不停移動、更換位置。最後，我移動到寺廟入口右邊一處階梯，沒有很正式盤腿，只是隨意坐著，閉上眼睛就開始靜坐。

在誦經聲中，突然間我掉入一個狀態，裡面整個空間都變成白色，一片亮光！當時意識相當清醒，內視中我看到寺廟神壇上每一尊神明的旁邊，散佈著如電影常看到的靈體的光；祂們體積大小相同，一小團一小團的發著像寶石一樣的光，不規則分布在神尊的後方。很神奇的是我很清楚感覺到，每一顆光團都是有意識的，不只是光而已。

當下心生好奇，興起上前去問「可否讓我知道更多」的念頭，在那個狀態下，虛空中冒出「你不要來問。」、「這個東西你不需懂！」我竟然能夠接受到來自小光團們的回覆；不是經過語言，而是一種內在意識的感應。恰巧有一個正在掃地的志工，偏偏將掃帚故意掃到我的腳邊，非要把我給弄醒，將我從出了神的狀態拉了回來。

當天和朋友一共四個人一起去寺廟，卻只有我一人進入這個奇妙的狀態：「既然朋友都在身邊，怎麼會讓掃地的人把我掃醒呢？」被打斷之後回到現實的世界，他們十分好奇：「你剛才怎麼定在那裡就不動了？」「我剛剛看到很多東西，我們出去再講！」我一臉驚恐回答。

每一個靈魂與神明的「緣分」不同，而這個「緣分」來自於累世修行的法門，有的修觀音法、關公法，有的相信耶穌基督等等。透過修行，每個人都能提升自己的振動頻率，進而能夠與神明共振。當一個靈魂離開身體後，生前的「信仰」將帶著他前往特定宗教頻率所在的維度，西方有天堂，佛教有極樂世界，我認爲這些名詞其實只是方便解釋一個更高振動頻率的維度；而輪迴轉世，則說明靈魂離開身體後，又返回到人世間去修這個法。

李嗣涔教授曾研究許多擁有特異功能的人士，譬如有人可以跟動物講話，發現他們的上面都有師父在旁邊指導，而師父就是比我們高出一個或多個維度的高靈。但即使是指導靈，祂們也需要繼續修行提升自己的維度。

佛教有「六道輪迴」[14]之說，是否有「六道」無從得知，靜坐中看到的神明背後的小光團，只能猜想祂們可能比三次元的身體更高一層，位在阿修羅道或者菩薩道，但確定的是祂們當時跟在神明身邊，持續修習這個法門，已經不需要再輪迴轉世當人。

輪迴的體悟

截至目前為止，高科技為何還找不到最小單位的物質？量子裡面有夸克，而夸克裡面更精微的物質是甚麼？佛家說「空即是色、色即是空」，全部都是空相，最後剩下的只是一個振動頻率的存在。

今天發出某一種頻率，就能夠改變沙子或水的樣子；現在的確有這樣一台設備，發射出一個４３２波的頻率，它能顯像這個頻率很漂亮的形狀。當物質

14. 六道輪迴指現世之前的各世所造善業或惡業，產生六種不同的靈體狀態，分別有：天人、人、阿修羅、地獄、餓鬼、畜生等，稱為「六道」。靈體輪迴轉世，依三界六道層級一層層提升，佛家認為眾生未能修煉提升三界，或生命未滅盡之前，始終在六道中輾轉生死，此為「六道輪迴」之說。

的振動頻率被改變時，肉眼看見的形體也會被重新塑形；相反的，科學儀器也能夠將看不見的振動頻率，顯像給肉眼看見。

我們生活在一個看不見的振動頻率的世界中，有的人甚至感受到這些能量的存在和移動路徑，或者經由修行取得和應用這些能量，例如修行人持誦的咒語，每一個字都有它的振動頻率和相對應的力量。過去我曾經練習觀音《六字大明咒》：「嗡（ōng）、嘛（mā）、呢（nī）、叭（bēi）、咪（mēi）、吽（hòng）」，感受到咒語產生很大的能量，過程中升起一種慈悲和抽離感。

佛學的理論奠基於很深的基礎，因此連外國人都去信「佛」，他們覺察到這件事情。宗教其實做的就是引導，告訴信徒要往哪一個頻率去。通常每一個宗教都有一本經文，告訴信徒要相信甚麼，要如何生活，要怎麼做人等等；依照這樣做能夠維持正念，提升自己的「覺」，脫離不好命運的輪迴。

我相信「輪迴」，感覺到輪迴長得像一朵花的波形，不停地無限輪迴。每一個人在這個頻率裡面走到谷底結束了，然後又再往上，到某一個程度又變成人，然後又往下……。有人抱怨自己運氣不好，但其實沒有好或不好，而是這個頻率往上，任何事情都很順；如果剛好處在向下的波段，做的事情就不順，這些都是頻率在運作，這就是一般所說的運勢。

一旦有了「覺」，便可提升靈魂的振動頻率，改變輪迴的波形。舉例來說：T的爸爸常走黑路，所以他被影響跟著去走，不好的遭遇帶給他許多怨念，但他沒有「覺察」到這個情況，只是根據過去爸爸所教和過往去一直做這件事情，所以一直處在低振動頻率無法提升。有一天忽然覺醒了，他即刻「放下屠刀」，並將過去的怨念全部都放下，從這一刻開始，T所做的選擇不再和過去一樣；這個轉變提升靈魂的振動頻率，改變這一世輪迴的波形，也改變了T的運勢。

靜坐能夠讓我們脫離大腦的侷限，當思維和心靈全部都安靜下來，等於把所有對外界頻率的感受都關閉，進入自身的另一個更高的維度中，也許就不需要再輪迴。

覺之吧

我們所處的世界、正在感受一切，包括摸到的、聽到的、看到的，所有的存在都只是一個振動頻率；我們肉眼看見任何一件物品，它的顏色只是「光」的反射，由大腦組織出來的物質樣貌，只是從不同的角度所看到的樣子不同。就好像站在不同的角度，看到的台北101大樓的顏色不同，然而是「誰」在判斷？是「誰」看見101大樓的顏色？科學領域認定大腦無法分辨顏色。

現在把大腦跟「我」分開，那個「我」，不是大腦，而是擁有這個身體的主人。如果「我」不在，完全交由大腦去判斷，表示「覺」（Awareness）不存在。

真正的「覺」，就是你看到當下的這一刻，知道這一刻存在，做當下的事情。而不是一直思考著過去發生的事情，或者擔心未來。時時刻刻保有靜坐中的「覺」，知道這一切的發生都是宇宙的定律；我們無法選擇出生的時間，選擇我們的父母，所經歷這一切，我們無法去抗拒它發生，那麼我們就全然去接受過去，知道這一刻可以

吧之覺

做選擇；但是我們可以選擇用甚麼態度去過我們的人生，只要「清楚知道」就好。

當我們的「覺」不斷提升，可以感受到「覺」上還有「覺」。首先我們將超越物質大腦的侷限，覺知到無形的「乙太」能量場的存在；接著再提升，便能感受到「情緒星光體」，我們的「心」也會越來越敏銳，第六感（心電感應）被開啟；接著「覺」往上提升到「心智體」，我們可脫離大腦的世界，變得更有智慧。

靜坐到後來，「我」進入另外一個更高維度的訊息場，到目前為止，若用最簡單的文字來形容，那麼就是一個「知道」的狀態；就是「知道」而已，沒有其他的了。所有屬於身體層面的一切都要放下，譬如五感，全都不屬於那個維度的世界，然後才能夠抽離。

曾在我在靜坐中，經歷到「我」的存在只剩下一個「點」，在那一個時刻，感受到「我」超越一切，我就是宇宙，宇宙就是我；當時我就是知道，如此而已。

參。靈性設計

「我」超越一切振動頻率的存在

第7章 「神」隊友

認識李嗣涔教授

2020年的時候，因爲疫情的關係哪裡都不能去，有一次我們坐在公司樓上的陽台聊天，其中一位朋友提到臺灣大學李嗣涔教授在作特異功能方面的研究，聽了之後，對李教授十分好奇。後來在網路上發現很多關於李教授的資訊，感覺他在氣功、特異功能與信息場方面的領域十分專精。

過幾天我突然想起公司的一位合夥人，他的弟弟聽說在臺灣大學教書，但不知道是哪一個科系？於是拿起電話馬上聯繫他：「我想要去拜訪臺灣大學李嗣涔教授，你的弟弟可以幫忙介紹嗎？」沒想到就這麼恰巧，他的弟弟正是臺灣大學電機系的教授！

這位教授寫了一封引薦信給李教授，由於退休的李教授名聲被不肖業者利用，已不太願意接受陌生人人拜訪，對外關係也比較保守和謹慎；所幸有關係人引薦，否則想要見到李教授一面實在很困難。

第一次見面李教授李教授二話不說，向我們招手：「來來來，先不要說這麼多，先來測腦波！」我身先士卒，經測量後李教授十分驚訝：「這個人怎麼沒有腦波？怎麼這麼特別！這個太奇怪了！」

第二位是我的朋友Kevin，他一下子就入定。

第三個換Yves，李教授也嚇一大跳：「你這個腦波少之又少，怎麼也這麼特別！這個腦波跟地球的頻率可以共振，是一樣的！真的十分罕見。」接著問：「你可以感應到地球哪裡有打雷和閃電呀？這些都是地球釋放出來的振動頻率；這些地球的頻率跟你的一樣，你應該可以感受到啊！」

第四個測的是公司合夥人Tomas，他戴上腦波儀，測出來的頻率是每秒11～12次，李教授鬆了一口氣：「嗯，你是正常的一般人。」

看著我們四個人當中，就有三個奇葩；一個是與地球頻率共振，一個則是沒有腦波！李教授十分詫異說：「你一直在處於睡覺的狀態……！」

測腦波的那段時間，我的確一直在睡覺，感覺到自己從來沒有醒過來的。所以，以前想事情的時候，就好像在睡眠當中做決定一樣！

通常在睡覺的時候，一般人的腦波頻率會在一個範圍內變動；剛開始入睡時，腦波是～慢速的Alpha（α）波8～12Hz，進入淺睡期後腦坡變成Theta（θ）波4～7Hz；到了熟睡期則變成Delta（δ）波小於0.1～4Hz。我的腦波頻率比熟睡期的δ波還低，所以感覺到自己從來沒有睡醒過！最近終於醒過來了，去年2021年的時候去測腦波，已經恢復正常。

「炁盒」之首發

認識李教授之後，開始思考如何提高腦波檢測的應用面。聽他們說Gamma（γ）波[15]有凸起來的人，多半跟靈界有連結，給了我一個靈感：「也許可以將同頻腦波的人作分類，然後去分析每一類的腦波適合從事的工作類型，應該能夠幫助人們更了解自己的能力。」這件事情進行了一段時間，但無論怎麼分析，也無法獲得更多關鍵的細節，長期下來沒有太大的突破。

15. Gamma（γ）波分布範圍25～100Hz，一般常見爲40Hz。

有一天，李教授說他的書裡面有一個設計——「炁的震盪器[16]」，像一個「炁」的迴路一樣，能夠打開一個空間的場。於是我們就去拿紙，寫上「佛」字，然後把形狀做出來。完成之後，感覺到寫有「佛」字的紙溫溫熱熱的，眞的有「炁」的產生！

李教授過去曾經針對一些如「佛」、「菩薩」和「耶穌基督」等宗教文字做實驗，發現了在物質世界之外，還有一個四度空間的信息場，裡面有各式網站的存在。「神聖字彙」的本身就是一個網址，不管你認不認識這個宗教，只要接通就能連上這個網站。

根據李教授的論述，我製作了特殊文字的「炁盒」，將「佛」與「觀音」放置在盒內，透過撓場器使「正炁」產生震盪放大的效果。第一次拿「炁盒」在手上，感受到一股強大的能量——是一種舒服的安定感。由於神聖字彙無論如何，都不會對身體產生任何負面效益，這個事實讓我對「炁盒」產生莫大的信心。後來，「炁盒」設計成爲「氣機科技公司」推出的其中一項靈性輔具。

16. 是宇宙最原始的能量，道家認爲「先天元炁」爲生命之源，在體內運行經脈及丹田聚集之氣，在母胎裡就接觸形成的；「氣」則是指空氣、呼吸之氣，後天生命的元素。

我的「神」隊友

自十一歲就開始寫程式，加上工程背景，使得我對沒有科學根據的事情心存懷疑。自從接觸身心靈後，開始認識一些靈修道路上的朋友和高人，他們讓我見證到物質世界以外，還有其它維度世界的存在，我並非唯一「知道」和「感受」到高振動頻率的人。後來，在其它高維度信息場發現能量符號、進一步設計和製造靈性產品之後，這些朋友成爲我可靠的「能量顧問團隊」成員；有的人眉心輪特別通透，有的人對精微能量特別靈敏，或者靜坐到達很高的境界。

其中有一位令人十分敬重的神醫前輩，他的眞實身分也是一位醫生和過敏專家，不僅中、西醫的醫術精湛，而且在「全程靜坐」的修爲上，亦達到極高境界。神醫爲人謙和少語，深藏不露。在教授的介紹下，我認識了神醫，當時李教授告訴我：「神醫根據一張照片，就能遠端治病……」，當時的我其實無法置信。

我的身體症狀絕大多數都被神醫診斷爲「過敏」，內心更爲質疑：「這太不科學了吧！」這個反應很正常，因爲我的腦是工程腦。但後來，我親身經歷神醫的治療奇蹟；不是傳統療法的抓鬼、或將不好的能量、邪氣從人體上抽掉，而是讓身體認識過敏的頻率，這是一個治本的方法！這些毛病若交到西醫手上，不是找不到病因，或只能開止痛藥或症狀治療來處理。

舉例來說，我的脖子疼痛了八九個月，此類疼痛或落枕的毛病，怎麼都不好意思去問神醫。有一次我和神醫在車上看金字塔樣品，隨興聊一聊，提到了脖子的困擾，沒想到神醫當場要幫忙看一看。

他閉上眼睛，然後說：「你的脖子脊椎有點壓迫所以這邊會痛。」

我問：「是否需要動手術？」

神醫說：「不用。」然後再度閉上眼睛，只花30秒，脖子就不痛了！

由於這個毛病已經讓我疼痛了將近九個月，神醫卻只花30秒就解決！自此，家裡的那台百萬級的專業衝擊波治療設備，已閒置到快要發霉。

對於玄學、神祕學我一向鐵齒，但這位神醫，讓我眞正見識到奇蹟。有一次，拍了房間的一張照片給神醫看，他一看就知道氣場不好。他先遠端淨化房間的能量場，然後說床下有不好的氣往上衝。神醫問我下面有什麼？床下的確放著一顆巨大的超七水晶，重量大約三、四十公斤；我就拿撓場器放在水晶上面，之後這個房間的氣場就變正常了。

神醫的全程靜坐已經達到很高的修爲，也可以說，隨時都處於靜坐狀態，隨時可「覺」察到精微能量的振動，我猜想他的意識已到達精神體之上，只需要看一下便知道該物質的能量狀態。神醫不同於凡人，不貪圖名利，我想他的知識並非完全來自於書本，他就是懂了。神醫告訴我，就算有能知道前世的方法，也無需再去探索。我認爲全程靜坐中所感受到的一切，都是來自內在的「覺」；越是全然接受當下的狀態，進入的境界越高；這個過程無法用言語描繪，就是「知道」，如此而已。

第8章 金字塔

發現奧妙

成功設計「炁盒」之後，我開始對炁、經絡、訊息場等領域產生極大的興趣，有一次在臺中新租的一個辦公室裡，看到一個內置許多石形物質的金字塔。辦公室的負責人告訴我這是「奧剛（Orgonite）」能量金字塔，聽說它能夠吸收人體的負面能量。由於參與的「氣機科技」團隊正投入能量產品的研究，我對於能量也越來越靈敏，當下感受到奧剛金字塔的力量。爾後在白天，我不斷去搜尋關於金字塔的靈感，發現如果只是單純的金字塔，裡面沒有放置任何帶能量的物質或符號，那麼除了材料本身的微弱能量之外，金字塔並沒有創造任何能量場。

由此可推論，金字塔本身極有可能就是一個能量的擴大器，只要內部放置高振動頻率的物質，那麼就能夠透過金字體的特殊空間結構，創造更大的能量場！但是，要如何去「放大」金字塔的力量呢？原本就喜愛手工藝的我（一個長期被工程耽誤的設計師），在白天開始展開探索金字塔力量的研究工作。

正炁的擴大器

有一天，在靜坐中看到一個普通的神殿，裡面供奉著三尊佛像，出來之後，想起現代很多寺廟的正殿都有三尊大佛，一般而言是釋迦牟尼佛、藥師佛和阿彌陀佛。忽然間內心豁然開通，原來「三尊佛」可以將力量放大[17]！後來又在靜坐中看到觀世音菩薩，當下「覺」到觀音應是成雙成對，如同千手觀音般；出來之後就繪製「四尊觀音」像。很巧的是剛好有「四大菩薩」道場之說，這四尊菩薩即是觀音菩薩、文殊菩薩、普賢菩薩和地藏王菩薩[18]。

由於不久前曾經以「佛」和「觀音」的正炁，作為「炁盒」力量的來源，經過驗證，「炁盒」對人體的能量場有益而無害，因此我對神聖文字能夠創造「正炁」的事實深具信心。當我將「三尊佛」和「四尊觀音」的圖像放到金字

17. 三尊佛：自唐代（西元 857 年）可考證五台山佛光寺佛殿主像共五尊，中尊為釋迦，左次主像是彌勒佛，右次是阿彌陀佛，在外兩側是觀音和普賢。直到明代，三方佛分別是：釋迦牟尼佛居中，左手藥師佛（東），右手阿彌陀佛（西）。

塔內，同樣的，這些神聖圖像也自帶炁場！金字塔的結構很特殊，「炁」在金字塔內震盪並且更集中，最終產出的力量更爲強大。

我將三佛、四觀音的能量金字塔帶去給能量顧問團隊感受，他們十分肯定地說：「是正向的能量！」這個答案更確認一件事：「神聖圖騰或文字是不會傷害人的！」畢竟，無論如何都不願意設計對人體不好的物品。後來我很安心地嘗試了數十種方法，去強化金字塔震盪出來的正向能量。

三尊佛和四尊觀音的符號如何排列，才能夠在「金字塔」內部震盪出更強大的能量場？我花了很長的時間去做設計，譬如將這七個神聖文字以不同的方式逐一排列，或將金字塔打造爲一座壇城，或將透明壓克力的金字塔改爲鏡面材質，置入刻印在銅片上的三佛、四觀音的符號等，然而每一次測試，其結果的差異不大。

在測試期間，有一天我在半睡半醒間，意識如螺旋旋轉向上，掉進一個很虛幻的空間！意識不斷向前移動，停下來之後，看到一排排的字以螺旋形狀出現。回到地面後認知到一件事情——原來「螺旋」符號存在著一股神祕的力量，可以將意識的頻率不斷向上提升，到達另外一個維度。之後我在金字塔

18. 佛教信仰中有「四大菩薩」，目前主流爲觀音、文殊、普賢、地藏；有四大菩薩道場之說，即四大菩薩的聖地。

神聖符號金字塔

的四面內壁，交錯置入一排排三佛和四觀音的組合圖像，從頂部到底部總共有六層，在金字塔朝外的四個面，則以螺旋狀向內旋轉的軌道置入神聖符號。

接下來神聖符號的數量要如何決定呢？天才科學家尼古拉・特斯拉（Nikola Tesla）曾說：「如果你知道3、6、9的秘密，就掌握了通向宇宙的鑰匙。」尼古拉認爲，3、6、9是宇宙的根源，了解這三個數字的規律，就可以解開宇宙的所有謎團。我在金字塔內外，以3或6或9或倍數放入神聖符號，盡量避開那些我認爲比較不好的數字4、7、11。

某一天靜坐中看到堆疊成三角形狀的許多數字，這張表在我的腦海中浮現。事後經過簡單運算，和特斯拉所說的數字秘密不謀而合。西方人不喜歡13、華人不愛4，有一句話說：Seven never win（7從來不是勝利的數字）其來有自。由下表可以知道，

1 + 2 = 3
1 + 2 + 3 = 6
1+2+3+④=10 → 1
1+ 2+ 3+ 4+ 5= 15 → 6
1+ 2+ 3+ 4+ 5+ 6=21 → 3
1+2+3+4+5+6+⑦= 28 → 1
1+2+3+4+5+6+7+8 = 36 → 9
1+2+3+4+5+6+7+8+9 = 45 → 9
1+2+3+4+5+6+7+8+9+⑩ = 55 → 1
1+2+3+4+5+6+7+8+9+10+11=66 → 3
1+2+3+4+5+6+7+8+9+10+11+12=78 → 6
1+2+3+4+5+6+7+8+9+10+11+12+⑬ =91 → 1

3.6.9 神秘的數學排列

4、7、13也並沒有落在3、6、9的範圍內。

能量測試

在一次靜坐中，我看到銅製的金字塔，知道「銅」能讓金字塔的力量發揮到最大。但是，銅製金字塔的造價相當高昂，爲了降低成本，我嘗試用其它不同的材料做試驗。

無意間在網路上找到一個8公分和15公分見方的透明壓克力金字塔，就買了幾個回來試作。美工人員先以厚紙板割出同樣大小的金字塔，並且在卡紙上列印神聖符號，然後套入透明金字塔中加固成型。製作完成之後，我將金字塔放在手上，另一隻手置於金字塔的頂端，果然清楚感受到從金字塔發出的特殊振動。爲了找到強化金字塔的力量和方法，過去曾經一次購買十幾個透明壓克力金字塔，不停地打樣和感受測試神聖字符在不同排列組合下，在金字塔內部所創造的力量強弱。後來金字塔就越買越大，曾經買一個超大的金字塔放在陽台，整個人可以坐進裡面去感受金字塔的振動頻率！

直到有一次，我將印有神聖字符的貼紙貼在的銅片上，再將這些銅片貼滿金字塔內外，完成之後手才剛放上去，「呼！」塔頂有一股氣直衝而上！原來紅銅相比其它材質的力量，竟超出幾十倍有餘！後來我在金字塔內附加「撓場器」[19]，進一步將金字塔的力量又提升五倍。

見識紅銅金字塔的力量後，我即刻找工廠做初步的打樣。由於銅製業在臺灣已走向夕陽產業，許多廠房都已遷至中國，僅存的少數也只接大數量的訂單，只得找一個中國廠打樣，即使只訂做一個他們也願意接單。

和過去的實驗相比，紅銅比卡紙、塑料、鏡面、銅片等所有材質都來得出類拔萃，可以說差距頗大。一般來說，許多物質必須非常貼近身體，才能讓我們感知到能量的存在，但是紅銅打造的神聖金字塔則不需要，在近距離內便能感受到有「風」。

後來發現黃銅、紅銅和黃金在金屬中的振動頻率層級最高，能夠將金字塔的力量提升到最大。經測試其力量爲「炁盒」的五十倍，若將金字塔置於「撓場器」上方，其效果將倍增到八十至九十倍。**（強度倍數是我與顧問團的感受，僅供參考。）**

19. 撓場器：由電力產生，能打開一個空間的場，將負面振動頻率的氣場打散，藉此替換一個新的場，如此便可以淨化空間或水晶。但是人體能量的特性不同，假若不小心附著一些外來的能量，也許可以排除，而源於自身的習氣的能量，需靠運動、飲食、靜坐等生活習慣來調整。

金字塔的力量

金字塔的能量型態與炁盒十分相似，差異在於載體結構不同。金字塔像是一個「炁」的震盪器，神聖符號的正炁在塔內震盪、折射、放大，並且向頂端集中後發送出來。基於這個原理，若坐在一個跟房間一樣大的金字塔裡面，人體能量場也會被重新整理，而且有一種特別安定的感覺，尤其對於靜坐者十分有幫助。2022年神醫造訪了公司的金字塔空間，他告訴我，在金字塔內靜坐，可以到達人體的心智體和星光體，能夠讓整個人的情緒瞬間平穩下來。

但在2021年，我們還只是製作桌上型的金字塔樣品，當時能量顧問團隊成員一致感受到小金字塔所匯聚的「炁」場，並且證實此「正炁」對人體有益無害，但只對經絡層級有作用，還沒有到達能夠治病的功效。這意味著小金字塔只有保護功能，能夠阻隔外力的入侵，但如果身體或精神已經出現問題，恐怕無法透過「炁」的能量工具療癒。

我們也對能量金字塔做了其它的測試，譬如將水放在金字塔頂端或者金字塔內部，水也能調和經絡之氣；喝入體內會感覺到經絡上跳動的氣的竄流感。水在一個成人體內佔有有60%~70%比重，擔負輸送養分或者執行細胞代謝等功能，並且高能量之水也作用於經絡之氣，提高人體乙太體的頻率。過去我不太相信教堂的聖水、道教的符水，寺廟裡念經迴向的水，或者龍穴的龍泉水等有治病避邪和延年益壽的功效；如今喝了能量金字塔調頻過的水，不僅感受到經絡的跳動，甚至身體變輕盈、有「飄」的感覺，才眞的相信傳統信仰自有其智慧。

2020年冬天，「能量金字塔」的設計和製作總算大功告成，我將這一項發現和設計，取名爲「能量金字塔」。

第9章 覺之花

靜坐中看見

2021年4月，正值 Covid-19 新冠肺炎病毒入侵全球，我開始著手去找銅工廠來生產「能量金字塔」。打樣完成後，我請能量顧問團隊測試金字塔的力量。當時神醫說：「你們現在研究能量，也做了這麼多不同的靈性工具，但到目前爲止，都還只能調和經絡之氣，作用在人體的乙太能量場，還沒有到達『脈輪』的層級。『脈輪』跟『經絡』迴然不同，是另外一套系統。」

當時我對於能量的感受還沒有這麼深入，心中很納悶：「哇，能量還有分這些層級？」事後，我急切想在靜坐中，尋找其它層級的「脈輪之氣」，然而好一陣子都毫無所獲。白天一有空閒，我便上網搜尋所有脈輪相關的圖形來看，或開始聽脈輪的音樂，甚至購買許多脈輪造型的物品、印度脈輪的貼紙等，花了一段長時間去研究脈輪有關的資訊。

有一次靜坐的時候，一如往常意識快速穿越一個黑暗的長廊，抵達終點後，就進入另一個維度的世界。從內視看到一層又一層的階梯，圖像十分鮮明。出來之後，那些「階梯」畫面還在腦海中盤旋，感覺似曾相似，於是搜尋大腦中關於階梯的記憶。

終於想起２０１９年底時曾經去過的一個祕魯考古遺址——Moray[20]梯田。它位於海拔三五００公尺的高原上，總共有三座同心圓的梯田，其中高低落差最大爲一五０公尺，溫差高達十五度。很神奇的是無論怎麼下雨，梯田最凹陷的地方都不會淹水！從梯田的最高處一階階往下走，到達底部時，可以感覺到強大的能量場聚集在最底部。

設計能量階梯

我將另一個維度看見的階梯和秘魯古文明梯田做連結後，就請傢俱公司用木頭去雕刻一個大件的階梯圖騰。製成後我一坐上去，全身感到一陣電麻感，感受到一股神奇的能量在運轉。我興高采烈地直衝神醫宅邸，將這好幾

20. Moray 位於秘魯庫斯科聖谷地區，海拔 3500 公尺的山谷之中，乃印加王朝留下的考古遺跡，直到 1932 年才在航拍中被發現。整個區域共有三個同心圓梯田，據說即使豪大雨也從不淹水，千年以來運作良好，在被發現之前當地人依然利用摩瑞梯田在耕作。

件大木雕抬去給他看。神醫流露出驚異的表情，但是答案還是一樣：「只有到達經絡層級。」也就是說，階梯雖然能夠聚集到更強的「炁」場，但仍停留在「經絡」系統，還無法提升到「脈輪」的層級。但我沒有打退堂鼓，反而不斷推出新陳，嘗試七八種版本如橢圓形、圓形、星星狀、六芒星等不同外型來設計階梯。有一次甚至突發奇想，製作了一個類似「打坐墊」的階梯椅子！但各式階梯產出的力量仍是大同小異。

也許木頭材質的結構不夠密實，需要更大的物件才能匯集更多的「炁」？後來意外發現，每一個版本的階梯，都能夠產生能量，其中有些對健康有幫助、有些則沒有，但力量都很是一般。然而無論是造型變化或修改尺寸，能量顧問團隊總是搖著頭說：「這個還在經絡層級，而且效果都差不多。」

然而，階梯眞的能「集炁」嗎？我們都知道不能睡在樑柱的下方，原因是當空氣沿著天花板流經樑下的時候，因被樑阻礙而產生扭曲的氣流。空氣都有一個重量，短時間待在樑下比較感受不到，但如果每天睡在樑下八個小時，又看電視三個小時，總共有十一個小時，經過一年半載，身體多少會出現不舒服的狀況。不舒服的感覺來自於人體的「氣」不斷被不平順的空氣破壞，就

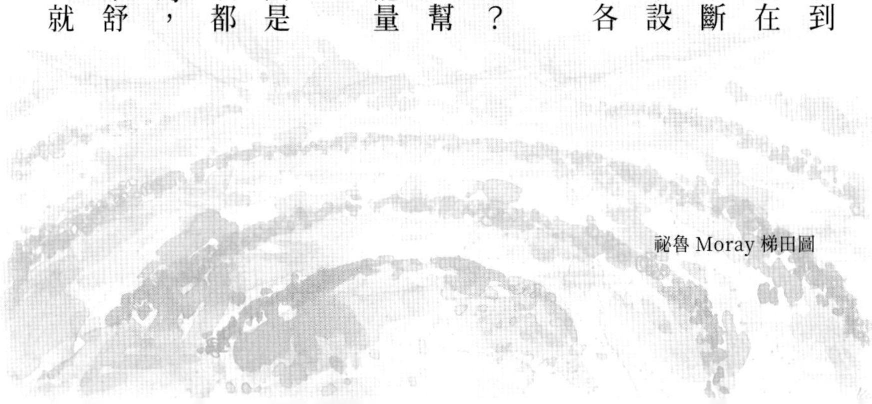

祕魯 Moray 梯田圖

好像氣場被挖了一個洞，長期下來逐漸造成身體的不適。

過去曾遇到類似的經驗，裝潢房子的時候沒有事先告訴設計師「不要裝嵌燈」，住了五六年之後，雖然嵌燈只是在天花板多出一點點摺痕，卻足以讓我的脖子因長期受到空氣的壓迫而疼痛不已。當時一直以爲這個毛病是寫程式坐姿不佳造成，後來整個房子重新裝潢過後，脖子竟然不藥而癒，疼痛消失了！由此可知，在虛空中放置階梯，會障礙空氣的流通，反過來也能夠引導氣流的方向。

耗費許多時間和金錢反覆更改設計，調整階梯大小、高度和數量，都不能帶來明顯的差異，也無法達到「脈輪」層級的效果，不免讓人失望。心想：金字塔的能量就已經達到經絡層級，那麼又何需多一個效果雷同的階梯設計呢？雖然這麼想，但這段期間的實驗，也讓我對幾何圖形的力量有更多了解，明白在既有的條件下，幾何圖形所能展現的力量有它的極限，不容易突破，也無法更強化。

發現「覺之花」

某一個晚上，在靜坐中再度看見階梯的圖形，但這一次眼前同時出現總共八個相同的階梯，它們自動移動和拼湊成一個同心圓，形成中間的空洞！然後我看到這個維度的「炁」（或能量流）不停地沿著階梯向下匯集，灌入全體圖像的中空處！

「哇！」出來之後不禁倒抽一口氣，內心驚嘆：「無懈可擊！好完美的圖像！」我趕緊把看到的景象畫上草稿，再請繪圖工程師以3D重繪，運用專業軟體做更精確比例的運算。

2021年9月，在疫情轉向嚴重時，「覺之花」工作圖樣也繪製完成。我約神醫吃飯時，中間隔著一個透明的隔板，透過隔板將手機上「覺之花」的圖騰秀給神醫看。他閉上眼睛，感受一下之後說：「嗯，能量相當強！」一直以來行動力十足的我，知道「覺之花」的力量很強之後，就急於尋找有能力打造樣品的廠商。當時對選用甚麼材質還沒有特別想法，包括木頭、金屬、3D列印等都曾被用來做測試。每一次打樣，都由能量顧問團隊去感受和驗證，他們異口同聲認爲：「能量眞的很強！」

測試結果顯示，每一種材質產出的力量相差無幾，爲了方便起見，後續的

覺之花手搞

試驗都以3D列印爲主。起初做出來尺寸太大，不好攜帶，所以考慮縮小尺寸，然而3D列印無法精細地列印階梯的細節。後來，朋友告訴我有一種CNC[21]機器可以做到。我打了三四通電話，發現一般大公司比較不願意接這類訂單，既麻煩又沒甚麼利潤。其中有一間廠商要求先寄圖檔，沒想到收到圖之後竟是一口回絕：「公司太忙，無法接這個訂單！」幸好，有一間三重的廠商十分熱心，願意接這項業務，於是我把3D列印的圖檔交給他打樣。

收到圖檔後，這位老闆說：「這個圖不能做，CNC跑不起來，圖檔的格式不同。」後來，他很佛心地找人將工作圖檔轉換成CNC能讀取的檔案。我們的合作十分愉快，這位老闆常常爲了打樣加班到很晚，而且使命必達，讓他的老婆抱怨連連，說每次接到胡老闆的單子都不回家！聽了不禁莞爾，內心卻是十分感動！這一切就是我們所說的緣份。

銅盒第三層

起初「覺之花」的外型並不是最好的狀態，在設計上只有上下蓋，打開盒

21. 數値控制 Computer numerical control（CNC）利用NC程式輸入資訊，經由電腦編譯計算之後傳送到CNC加工機台，透過位移控制系統將資訊傳至馬達驅動器，來切削加工所設計之零配件。CNC爲現在主流加工方式，大多連結電腦，直接由電腦輸出設計圖。

子兩面呈現的都是同心圓階梯的凹面，打樣完成後，經團隊鑑定表示：「『覺之花』並不受載體尺寸大小的影響，產生的力量不相上下。」我對這個結果感到相當興奮，因此投入更多的時間和精神，試著找到能夠將「覺之花」的力量發揮到最大的設計。「覺之花」由銅金屬打造，不停反覆微調和打樣，可以說所費不貲。有一天，突然靈光一閃，怎麼沒想到在上下蓋中間，增加一層階梯凸面的設計呢？之前在另一個維度除了看到階梯，其實還感受到自己置身在像波浪一樣高低起伏的能量流中，也就是說階梯所創造的能量並非像深層海洋般安定平穩，而是持續起伏變化的波浪；於是我在凸面的八個端點上，增加「炁」流動的平衡設計，幫助炁場的穩定。

階梯銅片的凹凸面產生代表陰和陽兩面不同的能量屬性；陽的能量來自凸面，陰的能量來自凹面；凸面爲陽盛陰衰，而凹面則爲陰盛陽衰。每一單片「覺之花」的力量，來自於凹凸兩面所匯聚的陰陽之氣，在內部不斷循環、堆疊，調和之後產生的正炁；此炁可作用於全身的經絡之上。能量感受靈敏的人帶上「覺之花」之後，乙太能量體快速被調整，甚至能夠感受到「正炁」走完十二經絡在身體層產生的震動感。

單片「覺之花」的凹凸兩面，產生的效果不同，陰面（凹面）放在某穴點上，可調節身體經絡的陰經，身體會感受到這個穴點產生的清涼感；相反地，「覺之花」的陽面（凸面）可調節經絡的陽經，所放置之處的身體則產生熱感。不同於其它靈性用品如水晶、礦石容易吸附周圍環境各種頻率的炁，過一段時間可能需要淨化和消磁；而「覺之花」能將所吸收的炁，經由階梯式設計產生匯聚及疊加的效應，產出某個範圍的穩定高頻能量，因爲如此，比較低頻的能量無法吸附，不需要淨化和消磁。

「覺之花」最終版呼之欲出，除了原來上下蓋之外，增加一層階梯的凸面，總共三層銅盒設計，緊密結合成一個完整的圓；後續在設計上又增加第四層的中間單片，總共有四層。上、下銅蓋均爲階梯的凹面，其中夾層爲一片凹凸面的階梯銅片，用以平衡「炁」的流動和增強能量匯聚的效果。

基本上，越多階梯可以匯聚的力量越強，然而要放多少階梯才能達到最佳效果呢？完全依據當下的直覺和感受來決定。

調節經絡之氣

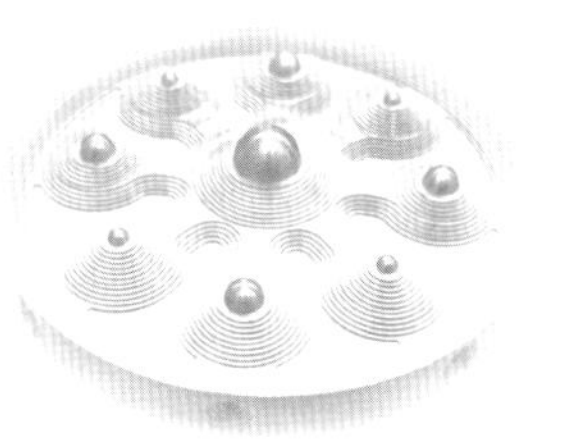

覺之花之凸面

「覺之花」最基本可以順暢經絡之氣[22]，對經絡具有保護的作用。一般來說，經絡讓人聯想到中醫，其治病重點也在於調氣；通常以針灸改變穴位的氣，來調節「經絡之氣」或「臟氣」、「腑氣」。

我曾經去過一間診所，房間擺滿了佛像、法器、念珠等各式藏傳佛教稀奇的靈修用品，給人感覺這位醫師修行甚高。這家中醫診所位在臺北市，專治不孕症，排隊看診的人潮可說是絡繹不絕，每次看診都須等超過三四個小時，但每個人被他針灸之後，看起來效果很好，讓我印象十分深刻。雖然當時我沒有給這位醫師針灸過，但我覺得他是懂能量的。

後來在２０１６年，我曾去看給這位中醫師看診。之後有一段期間身體有一些好轉，但過一陣子，那些折磨人的病症又去而復返。再次發作後就沒有再去看中醫，感覺似乎無法完全康復。後來因爲開始接觸能量和每天靜坐，比較看懂醫師的意識狀態對中醫診斷和施針的影響。傳統的中醫師多半都有練氣，我相信長時間習醫，身上必然運轉著「醫者」的正氣，當醫師的心夠靜，才能更能準確診斷出病人的問題所在，便能精準的對症下藥。換句話說，如果一位醫生有一顆救人的心，「心」是一種高振動頻率的能量，經由燒紅了的「灸」

22. 經絡之氣：中醫學認爲「氣」始源於脾胃中的食物以及肺系呼吸之氣，自動運行於全身。「氣」在體內運行的路徑稱爲「經絡」，沿著經絡運行之氣稱爲「經絡之氣」，聚集的點稱之爲「穴位」，又稱「氣穴」。低振動頻率可說是「邪氣」，高頻則爲「正氣」和「眞氣」，能提升人體氣場包括臟腑之氣、元氣、宗氣，並且強化免疫能力。

流向患者身上。而「覺之花」的正能量，能夠協助針灸走氣，如果將「覺之花」放在穴位上，再透過灸柱將能量直導入穴位，相信會有很好的效果。

「覺之花」的力量

日常生活使用

有一位朋友是婦產科的護理人員，從來不相信通靈或無形能量場的存在。她長期有經痛的問題，有一次經痛得不可開交，只好接受建議，將「覺之花」放到腹部上，沒有想到眞的就不痛了！事後，她不得不相信這個世界的確存在著許多大腦還不知道的事情，現在也比較能夠接受我目前正在研究和設計的這些靈性工具。然而這並非唯一的例子，包括我的朋友或認識的小孩，她們把「覺之花」放在身上可以緩解經痛的例子屢見不鮮。

再舉另外一個例子，我的好友 Yves 的老家在臺中，由於他在臺北忙於工作，平常連電話也都很少跟家人聯繫。某日將我送給他的數個「覺之花」帶在身上，回臺中跟親戚聚餐時，將其中一個送給身體不好的長輩。這位長輩高齡七十多歲，平常手腳無力，多半時間躺在床上。平日習慣用右手丟沙包以鍛鍊肌肉，維持身體的正常活動。過沒幾日，長輩竟然可以用另外的左手丟出沙包！他的夫人覺得不可思議，後來發現原來「覺之花」放在先生左邊襯衫的口袋裡，於是就即刻打電話告訴 Yves 這件喜事。以往除非有急事，通常 Yves 不會接到姑姑的電話，沒想到這一次通聯竟的經驗竟是如此美好！

◎ 上述例子均爲個案反饋，不涉及「覺之花」是否具備醫療效能之說明，仍應尋求專業醫療人員進行診斷。

過去很多朋友看著我日以繼夜地投入時間和金錢，十分熱衷於研發一個既看不見、也摸不著，沒有科學儀器能測量的能量產品，覺得我是瘋了？其中一位合夥人的女朋友忍不住還跟他說：「你們在搞神經病的事情呀！你的老闆頭殼是不是壞掉了？」但是，當「覺之花」進入測試階段，我常將樣品贈送給身邊的朋友，尤其那些鐵齒的同事女友或太太們，當她們經痛時，「覺之花」立刻發揮了功能，如今對「覺之花」十分折服。

即使不是敏感體質的人，都能感受到「覺之花」穿透而出的能量不同於一般，有人帶著「覺之花」聽音樂，能聽到層次豐富的音階；或者將「覺之花」

握在手上喝酒，能夠感受到酒和水本身更精微的振動頻率，因而品味出更細緻的香氣和甜味。如果酒水放在「覺之花」的杯墊上，需要比較長的時間去改變酒水的香氣和甜度，惟每個人因嗅覺與味覺的敏銳度不同，對於酒的感受也會因人而異。但「覺之花」並非改變物質本身的振動頻率，也許是讓意識狀態更安穩，五感的感受更細膩。「覺之花」自身產出某一頻率範圍的正向炁場，帶著祂的人意識狀態更穩定，所有的感受都會被放大，能透品嘗不一樣的葡萄的味道，葡萄酒香氣的層次更豐富。

作用於經絡系統

當我們將「覺之花」放在任何不舒服的地方，如放在頭頂百會穴的位置，頭頂可能因乙太體弱化而發疼，「覺之花」能強化穴位和經絡之氣；如果頂輪已經開啟和健康運轉，「覺之花」將加強脈輪的接收和傳輸炁的運轉，每個人狀況不同，感受到的振動頻率也不一樣，這個部分經試驗證實有其效果。

此外，人體免疫系統也是一個振動頻率，一般來說，若能量足夠強大，

23. 腦中風俗稱的中風，因腦血管阻塞或破裂造成突然性大腦局部或全部的功能失調，腦部組織受到壓迫得不到足夠的血液灌流，導致機能受損或壞死。常見的症狀包括無法移動單側的肢體，或一邊的身體出現無力、無法理解別人的話、不能說話、暈眩、其中一邊的視野看不到等。

病毒就進不來，比較不容易感染病毒；反之，若是免疫系統太弱，則抵抗力不足，甚麼頻率都可輕易附著在上面，容易染病。而「覺之花」因作用於人體的經絡之氣，相當於強化了經絡的振動頻率。

自2022年3月起經家人與朋友同意，進行針對腦中風[23]、失智[24]者做「覺之花」的試驗，大多都是極端的案例。其中有一位初期罹患帕金森氏症[25]、尚未服用L-dopa治療藥物的輕症病患，拿「覺之花」後手的顫抖情況明顯減緩。其他朋友的案例初步顯示，戴著「覺之花」有助於肌肉力量緩慢恢復，在疼痛也比較和緩。在某些案例中，血壓諧波亂度收斂，肺炎抗生素治療沒有進一步的惡化。也許這只是巧合，我們樂見未來有更多協助病患恢復的臨床數據來佐證，以上案例純粹爲個人體驗之分享。

花費將近一年的時間，一步一腳印的研發和設計，「覺之花」終於在2022年4月拍板定案，最終版本讓炁的流動更順暢和強大，並且不會殘留不良的振動頻率。

24. 失智症（dementia）俗稱之老人癡呆症，導致思考能力和記憶力逐漸退化，常見症狀包含情緒、語言、還有行動能力降低，但個人意識卻不受到影響。失智症被視爲一種認知障礙，目前無藥可醫。

25. 巴金森氏症（英語：Parkinson's disease，簡稱PD）是一種漸進性的神經退化性疾病，影響中樞神經系統的運動神經。主要有四種症狀，靜止時顫抖、僵硬、運動徐緩、和步態障礙。

第10章 脈極

到達脈輪層級

「覺之花」研究了很長一段時間，很多人表示都能感受到放在手上「覺之花」正炁的振動，也表現出一定程度的保健功效。原以爲難有突破，多次與能量顧問們深聊，告訴他們目前的發現已經到達極限，無法再突破。我常聽到很多人說，「脈輪」一通等於全身都通；內心便十分嚮往著，有一天「覺之花」的力量也能突破現狀，達到與「脈輪」共振的層級。這股希求成爲一個內在的力量，驅動著我持續去調整、修改和設計更多不同版本的「覺之花」，盡其所能將「覺之花」做到最好最強。也因此，我的房間，早已堆滿了不同尺寸、樣式、材質和各式版本的「覺之花」！

有一天晚上閉上眼睛，才一瞬間，突然間掉入一個很奇怪的世界！看

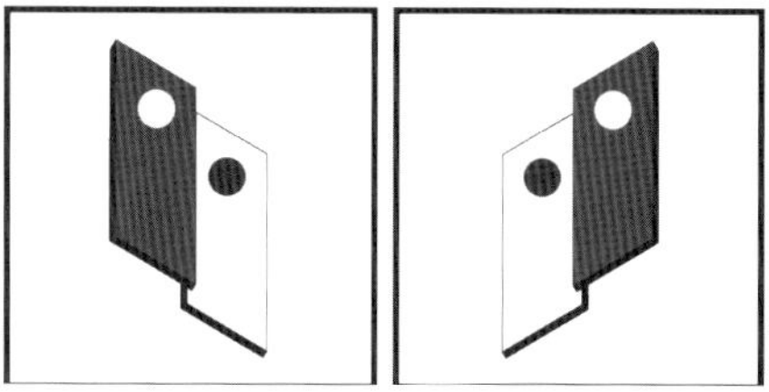

脈極符號圖

到許多幾何圖形在我前面一直轉呀轉個不停！數量很多，但每一個形狀都十分類似，並且散發幻彩的顏色。由於轉速太快，一時間無法看清楚這些圖形的樣貌，因而動了離開的念頭，一下子我的意識就回到身體層。

但很幸運記得其中一個圖騰，當下依照記憶把祂畫了出來，再交由美工修圖，然後就將「脈極」圖騰從另一個維度帶到這個世界來使用。我並不知道這個符號的功用，僅是將看到的內容作一個紀錄，相信這個發現必然有其意義。

「脈極」出圖後，能量顧問團隊感受振動頻率，大家都肯定說：「『脈極』可以到達脈輪的層級，但只有到達頂輪和眉心輪的邊緣，還無法全面性。」由於每個脈輪由許多小渦輪[26]組成，到達脈輪邊緣的意思，可能只跟部分的小渦輪共振，尚無法全面性去作用於頂輪和眉心輪。

疾病與脈輪的關係

在靜坐中看到越來越多不同以往的幾何圖形，有些方方角角，有些像

26. 根據布藍能（Barbara Brennan）的《光之手》(Hands of Light)，人體的七大脈輪都由更小的旋渦組成，整齊的排列在大脈輪圓錐內。第一脈輪只有4個小旋渦，眉心輪有96個小渦輪，而頂輪據說有接近一千個小旋渦。不同的傳統靈性修持法脈所看到的小旋渦數量也有所不同。

波浪。每一次將這些能量符號畫下來之後，就拿去給能量顧問們做人體感測和判別。在這些被發現的符號中，能量顧問告訴我，有的「作用」於海底輪，有的可到達腹輪，有的則是太陽神經叢，目前還沒有看到心輪和喉輪。這裡所說的「作用」，可以說是「加強進入脈輪之炁」的意思。

「脈輪（Chakra）」一詞源自於四千年前的印度，梵文的意思是「輪子（wheel）」或「圓盤（disk）」，形容其螺旋運動狀態，運作方式看起來像空氣中的漩渦或龍捲風，藉由旋轉的力量將宇宙能量吸入人體中心，同時也輸送能量給人體七大能量場所需。

人體有七大脈輪（Chakras），由下而上分別爲海底輪（Root Chakra）、腹輪（Sacral Chakra）、太陽神經叢（Solar Plexus Chakra）、心輪（Heart Chakra）、喉輪（Throat Chakra）、眉心輪（Third Eye）和頂輪（Crown Chakra）；下三輪屬於物質面和慾望面，上三輪則屬於靈魂層面，中間則是心輪。這七個主要脈輪沿著頭頂至脊椎底部分布，可以說是匯聚能量之地。

除了七個主要脈輪，人體全身還遍布很多大大小小的脈輪，就好像中國人所說的「穴位」一樣，都有其對應的器官。一般認爲，脈輪掌管生命能量也就是「炁」的控制中樞，因此對身體各器官機能、情感層面和精神狀態都有影響，亦即人體各種精神和生理問題，其根源都與失衡的脈輪有關。

當一個人身上的七大脈輪被打開並平衡運作時，一般都可以體驗到健康的身體、大腦思路清晰、並且自愛愛人、瞭解自己人生之路，有如天助般的心想事成，生活充滿各種美妙的感受。並非主張排拒物質層面的追求，完全去過靈修的生活，而是一個平衡的概念。我們還是可以有慾望和渴望，但還是要停下來看一看會不會過頭？

脈輪的平衡與否，所呈現的顏色不同。以調色盤來比喻，譬如海底輪的顏色從淺紅、亮紅到深紅，代表著過於活躍、衰弱或尚未開啟；由於海底輪的能量與身體的聯繫相當緊密，因此呈現一個人在地球的生命力狀況。

人體就像一個小宇宙，需要身體、情感和精神全方位的平衡。脈輪並不總是開啟的，當你受到壓力，感覺悲傷或情緒崩潰，這些狀態都會促使脈輪關閉；脈輪能量也可能會有過剩或不足[27]。同時，七個脈輪本身彼此互通，頂輪通眉心輪、眉心輪跟喉輪之間，脈輪的振動頻率並沒有清楚的分野；只能說心輪以上是一組，心輪以下是一組。

27. 脈輪受損：脈輪的主要功能爲源頭能量（The Source）的轉化器，分層級將能量輸送到七層人體能量場運用，代謝著不同頻率的能量，然後輸送到身體的不同部位、器官和細胞。某個脈輪（或小旋渦）受損，也會影響到其對應的脈輪，整體脈輪會呈現出受損的異狀。

七脈輪當中如果有一個脈輪特別強大，其它脈輪也會受到影響；譬如，當太陽神經叢很強，它會作用到腹輪，也會有一點影響到海底輪。就像我戴了「脈極」圖騰帽之後，我發現我講話還蠻好笑的，可以輕鬆和別人對談，偶爾插入一些風趣幽默的對話；如果一年半前認識我，可能會覺得這個人不好相處，現在自己想一想，還真的是這樣。

發亮的神奇寶貝

發現「脈極」後，我使用一些創意去尋找能夠承載「脈極」頻率的物質載體，過程中時常靈光乍現，腦海裡出現一些材質的畫面。由於在另一個維度的「脈極」閃閃發亮，我所能想到最貼近閃亮的材質就是「鋁箔紙」。蓋章的方式再加一些顏料，將「脈極」的圖騰拓印在鋁箔紙上，它看起來果然閃閃發光！

有一次蓋章後，我將鋁箔紙揉皺，手上竟然感受到很多的能量，一下子全身呼熱了起來！忍不住驚呼：「有能量耶！」另一方面心中充滿疑惑：「這不是鋁箔紙嗎？而且手上的圖騰還皺皺的！」當下心想，莫非要用鋁箔紙，才能將「脈極」提升到脈輪的能量層級？

帶著這一坨鋁箔紙去找靈性顧問們，我很興奮地告訴他們：「這個很厲害，但我不知道怎麼回事……！」神醫也相當驚奇：「有、有、有，它的能量被強化了！」對我來說有點不可思議，這時才明白，原來要用發亮的材質！

我用鋁箔紙加上發亮的貼紙，繼續試驗了五六種不同的版本，最後一個版本是將「脈極」圖騰印在雷射貼紙上。雷射閃耀的彩光，很貼近我當時看到的畫面：「一個在光線折射下的七彩閃耀圖騰。」後來發現，即使鋁箔紙揉皺了「脈極」的圖樣，但並不影響到「脈極」的振動頻率，因爲祂需要正是一個折射的效果！經過一番苦思繞路，終於找到「脈極」正確的載體——雷射打印的防僞標籤貼紙。

讓松果體[28]發亮的帽子

「脈極」的另一項神奇設計，是內嵌「脈極」小晶片的銀箔製白色帽子。如果把燈關掉讓整個空間全暗，戴上「脈極」帽子靜坐一會兒，會發現大腦內

28. 松果體是個體積很小的內分泌器官，呈紅灰色，大小近似青豆約7mm～8mm、質量僅100～150毫克，位於大腦中心位置，形狀像一顆松果。除分泌褪黑激素，根據新墨西哥大學研究推測，松果體活化之後較容易分泌二甲基色胺，可能更容易接觸到異次元世界，及高次元的宇宙。

的松果體會發出亮光。

目前可以感受到的是，當房間的燈關到全暗，沒有任何一絲光線的時候，再將「脈極」帽子搓一搓、捏一捏，然後戴在頭頂上，位在大腦中央的松果體可以感受到「脈極」的光。然而「脈極」晶片不帶電池，本身又不會發光，它唯一發送出來的是什麼呢？

「脈極」是一種能量，更高維度的光線；而人的身體裡面，只有松果體具有「感光」的功能。從醫學的角度，松果體位於大腦中央，形狀就像一顆松果，是一種對光很敏感的器官。隨著人類所謂的文明和進化，改由眼睛的視網膜感光，大量使用肉眼的功能，再加上我們習慣「眼見爲憑」，長時間不使用松果體，隨著年紀越大逐漸鈣化。

古埃及有「荷魯斯之眼」，又稱「眞知之眼」，有人說這是「第三隻眼」，有人說畫的就是「松果體」。許多靈性書籍曾提到松果體內住著一個靈魂，又稱之爲高我（Higher Self），我得出一個結論，松果體是一個天線，用來連結三維以上的世界。

每個人的松果體大小相差不大，然而敏銳度卻有不同。有的人松果體特

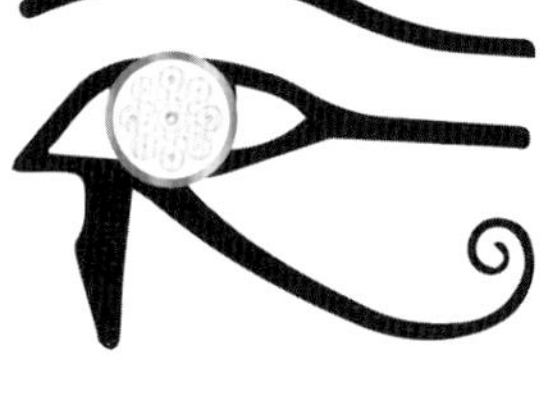

荷魯斯之眼

別敏銳，只需要一片「脈極」晶片，戴上帽子就能看到松果體感光的光線；有的人松果體不常使用，還沒有被開啟，可能需要放好幾片才可以看到光。不過敏銳度是可以訓練的，戴上「脈極」帽子後，經過引導可以學會進入松果體的路徑。一旦我們知道如何連接松果體，越來越熟練之後，就能夠容易地去利用它。

「脈極」帽子避免使用時間過長，如同眼睛過度使用會近視一樣，松果體也會疲憊。若松果體過度使用（感光時間過長），導致頭頂有脹的感覺，這個現象是很正常的。這一項設計曾經引導許多人包括公司員工、合夥人、朋友和其眷屬等，在金字塔裡面體驗松果體感光的感覺，大部份的人閉上眼睛都能感受到腦袋裡「脈極」的光。就連一向只對物質有感受、很少接觸靈性世界，或從零開始的人，一下子被引導去感受「脈極」的光線，他們發現原來閉上眼睛，視覺不是全黑的！

過去只要一關燈，眼前就漆黑一片。當他們閉上眼睛，慢慢看見光從頂輪照射下來，感受到光的存在的時候，才眞正明白松果體眞的能感光，而且這個光是反射能量的光，不是肉眼看見的光。

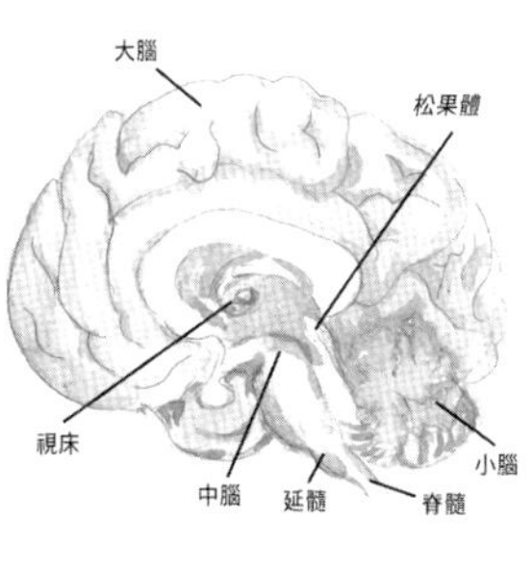

松果體

「脈極」光的引導

夫妻案例

我曾經引導沒有任何靈通經驗的一對夫妻，他們想戴著「脈極」帽子，去探訪地球以外的宇宙。結束後夫妻倆超級興奮，不停高喊著：「看到好多卡通唷！怎麼有這麼多卡通人物！」

聽了之後，我也十分興奮：「所以，你們知道『寶可夢』的靈感來自哪裡的吧？來自靈界！」

另外一對夫妻，一個有潔癖、另一個則大剌剌的，由於個性上的差異，夫妻倆時常會有摩擦。在「脈極」引導下，現在溝通上也好了很多。在引導中我跟他們說：「你可以選擇繼續生氣，繼續不滿意，這樣會讓人生過得更快樂嗎？目前所有的好惡都是大腦學習而來，如果覺得他這麼做不乾淨，但是『乾淨』是誰定義的？？這些都是大腦對比出來的主觀感受。但這只是一個感受，並沒有如自己所想像髒到那個的程度，他可能只是沒有洗手台上的水擦乾，出現水痕而已。」

我問她：「愛不愛老公？」她說：「愛呀！」從光的角度這件事情純粹就是大腦做出一個判斷，讓朋友覺得不舒服，然後每天跟老公發生爭執，彼此傷害。

沒有戴上「脈極」帽子也可以溝通，但在「光」的引導下更有效，因為大部份的人並沒有能力抽高自己，重新看待事情的本質。最主要是因為人們過於依賴五感接收的資訊，視其為絕對的真理，並認為記憶與想像等於「我」，這樣很容易被大腦所欺騙。當「心」沒靜下來思考，記憶往往成為直覺反應參考的依據，這就是雜訊頻率的干擾。

公司成員案例

曾經也引導公司的員工在金字塔[29]內戴著「脈極」帽，藉此感受松果體散發的光，回顧最近工作和生活上發生的一些不開心或困擾的事情，在光中抽離去看，他們感覺好像看了一場自己主演的電影。大部分戴過「脈極」帽

29. 我在公司裡面特別打造一間仿造「能量金字塔」結構的空間，以三佛、四觀音神聖符號設計裝潢，有一天神醫特別到訪，他告訴我在金字塔內靜坐可以到達心智體和星光體，能夠讓整個人的情緒瞬間平穩下來。

的人，都已慢慢走出被大腦框架住的心態，其中有幾位年紀較大的同事和合夥人，現今比較能感覺到身體以外的靈性，並且能夠抽離看待自己。

有一次帶一位朋友進入金字塔，戴上「脈極」帽，引導他去看正在發生的事情。我對他的事情其實只知道一個大概，來龍去脈不是很淸楚。在光中他看見過去發生的爭執，那些情緒化的溝通；看到原本走在同一條路上，想要把公司做得更好，感情卻一直分裂；看到每個人都覺得自己的事情比較重要，讓公司難以凝聚向心力。

在光的引導下他發現，在一家公司裡面，不能用這種態度去跟其他同事合作，而是以整體公司爲出發點去思考。換個角度來想，如果擁有公司百分之百的股份，但公司沒有成功，是不是也等於是自己失敗呢？而成功是需要團結的，只是有的人因不自覺的太過聚焦在自我的感受上，而選擇製造對立。

這位朋友對物質生活原本有很多願景與渴望，然而無論怎麼努力，都覺得無法達到想要的生活。自從戴了「脈極」帽之後，每天戴著「脈極」去公司，帽不離身；他告訴我，自己眞的有放得開的感覺！

其實並非全然追求靈性的生活，放下一切成「佛」，而是我們需要找到物質與精神面的平衡。如果太執著於物質面，過於追求權力，會讓自己每天產生很多情緒上的問題，對很多事情也會帶有先入為主的觀念，在分析和處理事情上無法不受記憶干擾。這樣的人在溝通的過程中也只想到自己，沒有顧到心靈和精神層面。

「脈極」的振動頻率能提升人的意識高度，讓我們站在比較高的位置去看待事情的本質，擺脫大腦的控制，避免讓自己陷入無限輪迴的情緒中。平常一直戴著，心情較為放鬆，對物質和權力的追求也比較不會執著。至於原因是甚麼，目前還沒有答案。

每一個圖騰都有祂特定的振動頻率，截至目前為止，雖然還沒有辦法經由科技手段來證明能量的大小和對人體的效益，然而身體是一台十分精密的儀器，善用五感的敏銳度的神經系統的超感知力，可以讓我們知道很多事情。

第三隻眼的世界

有的人說松果體連結到第三隻眼，有人則說頂輪連接到松果體；我的能量顧問則認爲，第三隻眼連接到腦下垂體，而頂輪連結到松果體，眉心輪則連接到腦下垂體。根據過去個人的經驗，當第三隻眼運作的時候，眉心的地方會跳動，感覺到有一個壓力或重量感。

通常進入其它維度之前，我的第三隻眼先被啟動，首先內視中看到長長的隧道，穿過之後到達一個定點。整個世界以「無我無你無他」爲中心轉動時，重心從眉心的位置往內、往上移動到大腦的中心，剛好松果體就位在左右腦的中間。現在，我可以分辨哪些是第三隻眼看到，哪些是頂輪連結到的畫面。

第三隻眼被開啟後仍然跟腦部有連結，所以我可以將看到的畫面，譬如幾何符號或光波顏色等，事後憑著記憶將這些景象描繪出來，而且很清楚地感覺到，那些視覺產生的位置就在前面。而頂輪的連結則好像是打開一個天線，看到什麼就是什麼，只能「全然接受」；所看到的亮光也沒有任何次序或方向性，人體的七層能量場被更高維度的光包覆著，難以用語言將過程敍述清楚。

有人問我，過去一年多常去其它維度遊歷，有沒有開始覺得無趣？「如果能每天24小時都待在那些地方，我眞的好想！因爲那是一個平靜，沒有被過去的記憶與未來想像干擾的狀態，就像鐘擺的校正，在裡面完全沒有任何煩惱。」當我們找到通往頂輪通道的開關，有的人已經找到開關，閉上眼睛就能直達；在這個狀態下，任何我想要、我覺得、我認爲都變得不再重要，大腦不需要再執著。有「我」就有對立衝突，也許「忘我」和「無我」的境界，才有眞正的平靜與快樂。

電影《奇異博士》有一句話："You cannot beat a river into submission. You have to surrender to its current and use its power as your own."（中文：你無法強迫一條河流臣服於你，只能臣服於河流的力量再運用它），意思是當你將河水封住，水流往左或往右，一個接一個波浪繼續往前流動；你沒有辦法阻擋，只能順著它，然後用水流的力量來協助你。

當我們知道自己的狀態不好，不要被這個狀態況掌控，而是順著它減緩節奏；如果在商場上想要賺錢，要順著流調整節奏，遇到市況不好時，就減緩投資，等到大好就大膽進場。做人也是一樣，順著流去體驗它，覺知到正在發生的事情，而不是去阻擋它發生；如果一直抗衡，產生摩擦，心靈是沒有辦法得到快樂的。我常跟朋友做一個實驗，我叫朋友憋氣，憋越久就會越不舒服；因爲我們利用大腦去控制它，就會不舒服，所以我們要隨著心流。

這個道理與靜坐狀態很類似，當靜坐進入更高的維度，能量的流動非常快，當我們沒有順著這個振動頻率，停下來想要問一些問題，產生了意識的停頓，很快意識就掉回到頭腦層。

經過一段時間的靜坐，現在我能夠清楚感受到「本我」的存在，發現整個世界都住在我的意識裡面。我感受到內在有一個很深層的主體，如果我們知道怎麼打開的話，其實會發現，內在的這個主體，與所有的人和整個宇宙都是連在一起的。

曾經有一、二次在靜坐中進入這個狀態，感受到「整個宇宙是我」；我發現自己融化在宇宙裡面——自己是宇宙的一部分，意識回到一個「點」；我就在無雲、無霧，沒有任何東西，只有光點的星空裡，我的存在只剩下一個點，完全沒有重量的感覺，沒有所謂的心情好不好。

也許在那個點上，就是整個世界的感覺——是我創造我的宇宙，不是宇宙創造了我；不是我活在這個世界，而是這個世界活在我腦裡。

第11章 覺脈環

六角形的神祕符號

時常關心朋友們過得好不好，總會問：「你在不在？」如今設計「覺脈環」戒指，它讓我們更明顯感受到：「到底『我』在不在？」

當「覺」存在，就能夠抽離現實去看到自己當下的選擇，是來自內在的決定或者是受到環境或他人的影響。「覺脈環」是在另一個在高維度世界發現的形體，祂能與人體脈輪共振。在一次靜坐中，我發現一個六角形的立體剖面圖，十分神奇的是在六角筒的每一個面，中間都簍空著一個半圓球的凹洞；從洞往內看是透明體，所以可以清楚看見六角筒的內部的結構。

靜坐出來後我畫出手稿，剛好隔天與神醫有約，就順道將草圖出示給神醫看。沒想到他一眼就判定：「這個形體能通七脈輪！」。回去之後設計了幾個不同版本，嘗試加強六角形體的力量，並且做了幾次的試驗。

有一天晚上，在靜坐中我再次看見這個六角形體的進階版！

通常我在靜坐中發現的新符號，出來後便卽刻畫草圖，但在入定的狀態下，無法記住每一個細節，所以草圖並不是最完整的圖騰，因而對於圖騰力量的大小也無法當下確認。所以，我習慣在隔日花很多時間沉浸在這個符號形體當中，在裡面思考可以怎麼去變化，可以發揮到最大的力量。當靈感成形後，我便會將這個符號以物質的樣態顯化，然後進行測試，不斷去強化這個符號的力量。

往往經過一段時間之後，總會在某一天晚上靜坐時，再次看到同一個能量符號延伸的版本（2.0 以上的版本）。換句話說，如果在白天大腦不斷去思考同一件事情，就好像長時間在網路上搜尋資料一樣，到了晚上忽然安靜下來，腦海便自動浮現一個意外的答案！

這一次也不例外，在虛空中我發現一枚戒指的樣子。我將這個發現取名爲「覺脈環」（英文 Awaring），戴上這枚戒指，能夠淸楚感受到內在「覺」的存在，祂很明顯地能夠強化脈輪上的覺察力。

螺旋的校準力量

發現「覺脈環」之後，接續又我看到好個幾不同版本，但都使用不上。然而，很奇妙的是一直回到同一個維度的信息場，裡面有許多圖形。其中我看到一個螺旋狀的圖形，發現螺旋有「左旋」和「右旋」，二個方向都會產生一個力量。我們知道整個宇宙都在旋轉，任何東西都在旋轉，我們的脈輪前後也在旋轉。前脈輪和後脈輪的旋轉方向不同；前面是左旋，後面的脈輪是右旋；上面頂輪和下面的海底輪也都在旋轉。

這個螺旋形狀的畫面不斷出現，在腦袋中不停地盤旋，我感受到這個旋轉的力量。於是便將第一個版本改良，原先六角體戒指的每一邊是平面的，我依照看到的螺旋狀調了一個角度，改爲旋轉形。結果裡面的氣也跟著旋轉起來，更準確地貼近人體脈輪的頻率，使得「覺脈環」的力量變得非常強。

這個狀況類似收聽廣播節目，如想聽清楚聲音必須精準調頻到 FM989，但調到 989.5，差一點點還是可以聽到，只是會有雜訊；當我們更精準調到 989.1，也許有一些雜訊，但是已經很接近了，我們很難校準到百分之百。

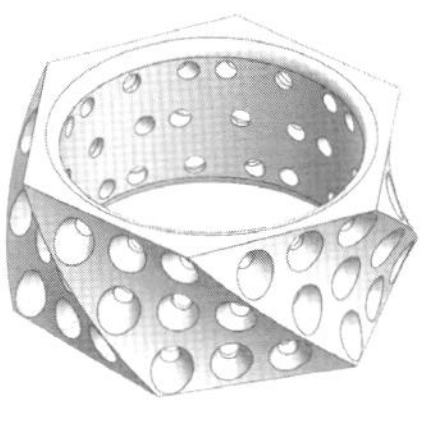

螺旋的覺脈環

物質的振動頻率也是同樣的情形，但還沒有儀器可測試，我們只能靠感受；雖然「覺脈環」的每個面都做了一個特定角度的調頻，然而仍有微差，但已經非常靠近脈輪的頻率範圍，足以與七個脈輪共振。如果把每一個東西看作振動頻率，當做出一樣東西剛好落在這個頻率範圍，對我們就會有幫助。

覺脈環中覺悟

在諸多脈輪符號中，「覺脈環」讓我在靜坐中，達到靈光清晰明朗和穩定狀態。在一次靜坐四個小時的過程當中，讓我看清楚許多事情的眞相。

靜坐中我看到自己不懂得如何去愛，也不懂如何跟小孩互動和表達愛。從小一個人孤單長大，無論遇到甚麼困難，在任何情緒下都能自己去承擔，也不需要別人的協助。我常把小孩當作是我自己，後來發現每個人的成長經驗和抗壓性其實不一樣，我卻把孩子們當作是跟我自己一樣堅強。靜坐中發現自己不懂如何去關愛孩子，所認知的「爸爸」模樣，都是從電視裡學來的。

從前覺得「愛」是可以用數字去衡量的，譬如金錢和時間的付出，這是

「愛」，所以我就是以金錢和時間去解決家人的問題；然而這不是「愛」，而是填補愛的缺口。就好像我從二十餘歲開始，每個月捐款給慈善機構迄今[30]，發現慈現機構中充滿了愛，然而缺的是經費，而捐款剛好補足這個缺口；相反地，一個家需要的不只是經濟上的支持，也需要「愛」。過去一直以爲努力賺錢，給家人過好的生活就是「愛」，如今覺得「愛」眞的不容易學習。

而就在這個晚上在靜坐中，我完全理解孩子的狀態，發現自己一直以來都沒有當好一個「爸爸」，只是當他們是我的孩子，缺乏精神層面上的互動和關聯。當我戴著「覺脈環」靜坐，心輪有一種被打開的感覺，逐漸比較了解與「心輪」有關聯的事情，譬如感受、愛、慈悲等。最後我發現，原來人來到這個世界，是要學習如何愛人和被愛，就是這麼簡單，沒有其他的事情了。

「愛人」，從愛自己開始；懂得愛惜自己的身體，懂自己的身體和個性，然後學習如何付出愛，和如何去愛別人，然後再接受別人怎麼愛你。其中「愛自己」並非自私；自私是屬於物質層面的，而「愛自己」是給自己空間，讓心沉澱下來，好好感受內心的世界。

從「小愛」的愛自己、愛別人，到「大愛」的愛這個世人；愛世人就是一

30. 做公益：是對自己的一個承諾，從小就有一個想法，如果我過得好，希望身邊的人都能夠過得好，富有、開心才有意義。我從小額捐錢不斷擴增，規模越做越大。這幾年改變做法，直接購買食物、尿布、生活用品等給老人院，或捐贈獎助學金給清寒學生，對我而言更有意義。

種慈悲，不管做什麼事情，都有一顆慈悲的心來對待別人。如同佛學常說的，要有「慈悲的心」，就是接受別人的錯誤，不要一直耿耿於懷；一旦內心升起不悅的心態，那麼就每天讓自己生活在不開心當中。因此，不管別人犯錯帶來多少困難、痛苦，都去感受它，知道它的存在，但是不要隨之起舞。

「覺脈環」的使用經驗

我戴著「覺脈環」在手上，能夠時時刻刻「覺」到「情緒體」的變化，感受到自己對周遭人、事、境升起的內在反應和心態，讓我隨時維持在高度的「覺」和內省的狀態，強化脈輪的感受力，也讓我清楚知道，我的注意力在裡面，不在外面。在這個與自己獨處的時刻，比較不需要用到大腦，大腦實際上處在休眠模式，只有在「我」下指令之後大腦才又恢復運作。也許這就是薩古魯瑜珈大師所說的，讓「我」和大腦保持一個距離，隨時抽高來看待事情，清楚分辨哪些是來自大腦的判斷，哪些是「我」內在的狀態。

有趣的是當「我」很專注在感受內在能量的變化，耳朵自動關閉的時候，如果突然有人隨口問：「等一下要去吃什麼？」我可能就沒有聽到，需要喚醒大腦來應答。此外，戴著「覺脈環」也有飄起來的感覺，身體似乎不是自己的，與意識之間隔著一層空間！如非要用到大腦的功能，那麼講起話來會是鈍鈍的。就好像「我」處在其他的維度，同時聽到旁邊的人在跟我的大腦說話，在這個狀態下會升起一種抽離感，讓「我」跟不同振動頻率的人、事、物保持一個距離。

「覺脈環」目前能夠測試到的一個功能，爲提高對脈輪的感受度。當我戴上戒指，能無時無刻清楚感受自己的「情緒體」的變化，由於這個狀態是抽離物質身體層次的「覺」，因而能輕易擺脫「情緒」和「大腦」的綁架。當然，每一個人處在不同的狀態，相信戴上「覺脈環」的體驗也會不同。

某一天與一位藏傳佛教密宗的上師有約，於是順道贈送「覺脈環」給上師。上師戴上去之後，眼神驚喜直說：「可通七脈喔！」又說：「有心血管毛病的人可以戴這個……。」聽了這番話之後，再度確認「覺脈環」的確可以到達與人體七個脈輪共振的層級，它對於身體能量的疏通有很大的好處。

這位上師與神醫並不認識，原本只是向上師簡單說明「覺脈環」使我對

「情緒」的感受特別清楚，，然而他們所講的第一句話卻都是一樣的：「這個東西可以通七脈！」過去上師甚少對於「覺之花」系列有如此大的反應，這一次回應之大，也著實讓我嚇一大跳！

反過來說，情緒星光體健康的人，通常比較不會有心血管的疾病，此類疾病多半因位情緒時常受到刺激，或長期心情處在沮喪低落的狀態。當我們有情緒的時候，能抽高看到情緒的變化，「覺」到情緒的樣子，其實高血壓會慢慢降下來。

神醫研究癌症，他曾經告訴我，一般身體的疾病源自經絡阻滯，而比較嚴重的癌症則來自於「情緒星光體（Emotional Astral Body）」的不平衡。有些人過於執著於權力慾望，情緒體因而在腹輪產生一些作用，影響到身體脈輪的流暢度，嚴重的時候有可能產生病變，滋生癌細胞。

當一個人得到癌症，在醫學上還是要處理，譬如「大腸癌」造成無法排便，若不及時移除恐怕會危及性命；但若情緒體適時調整頻率，對疾病的預防和身體的修復有一定的好處。相反的，神醫看過很多癌症病人，即使癌症被成功治療，但若是情緒體沒有調整過來，還是會復發的。

與真理的距離

我進入全程靜坐之前，所有的提問都能從神醫獲得一個解釋，而且他的回答都是經過個人感受和體悟，以有組織和系統的方式講述；並非用很玄的方式，給出一個不確定的說法。神醫是學識豐富的一位醫生，常以物理學和科學邏輯來解釋無形的能量和維度，跟其他宗教領袖尊崇神祇和教導經文使用的語言不同，也許他也有寫程式的背景，我們溝通起來會更簡單。

通常我們根據自己的認知來解釋一個理論或現象，譬如工程師的腦袋中有工程師使用的語言，藝術家也有他們使用的語言，這些是能夠讓彼此被聽懂，可以溝通的語言。但如果純粹問某一位老師，爲什麼要念經？他所給的答案是經過自己對於經文的認知來說，告訴信徒爲何要這麼做；他並非讓你「感受」到，而是只告訴你爲什麼我們需要這麼做；這中間有很大的差別。

佛學用的文字，現代人很難去揣摩其中的境界，包括聖經也是一樣。經文所有表達「眞理」的跟牧師看完聖經之後，跟信徒所說的故事是否能完全一樣？聖經文字和解釋聖經的人，對聖經的感受哪一個才是眞實的？由於人類都有自己的認知與框架，我想我們無法百分之百懂得神要說給人聽的話。

這個故事也許很多人聽過，有一戶虔誠的信徒遭遇淹水，他向神祈求、並且相信神一定會來救他。有鄰居經過丟給他一個救生圈，說：「抓住救生圈，我會拉你過來，你就安全了！」他說：「不用不用，我的神會來救我！我已經向我的主禱告了。」

又有一個人滑著小船經過，熱心地跟他說：「快點上船，這樣你就有救了！」他還是說：「不用不用，我的神會來救我！」最後直升機來了，懸吊一個爬梯給他：「快接住梯子，不然就來不及了！他還是說：「不用不用，我的神會來救我！」結果他被翻騰的大水給淹沒了。

上到天堂，他問上主：「神啊，我一直都有向主禱告，我對祢這麼虔誠，祢為什麼都沒有來救我？」神對他說：「我已經派三個人來救你了！你都沒有讓他們救你！」這就是人類自我解釋的神。這個世界有兩種神，一是從來沒有人知道長甚麼樣子的神，另外一個就是人類口中的神；也就是說，一是我們對祂一無所知，一是人類所敘述的神。

祂一直都在

「覺脈環」只是宇宙中存在我們所不知道的振動頻率，對「炁」敏感的人，能夠很清楚感受到「覺脈環」的力量。與「覺之花」和「脈極」一樣，都是在靜坐時「讓我看見」的符號。曾經自認「發明」了能量物品而感到自豪，但後來想想，我並沒有發明什麼，這些符號原本就已經存在，只是還被人類看見，剛好被我「發現」而已。我閉上眼睛，發現了它，「符號」已經早已經在另一個的維度。因此我並不會說這是一項發明，而是一個「發現」！

根據過去所做的試驗，有的人能感受到「覺之花」，但還感受不到「覺脈環」的頻率；有的人則相反。無論是否有感受，它們的力量一直都存在。力量也一直在我們的身邊運作，只是「覺」還沒有打開的人，比較感受不到。

第一次使用的人，建議先以「覺之花」調整經絡之氣，然後再戴上「覺脈環」，慢慢去習慣和感受與七脈輪的共振。或者依照自己的需要來使用，雖然感受不到能量的運作，但正「炁」一直都在。當你戴上「覺脈環」，時常看到自己的情緒抽離當下這個狀態，比較有力量去選擇，做出正確的決定。

肆。未終章

一切在「覺」中進行

第12章 「覺」與企業管理

多重宇宙的概念

我們每一天都生活在「多重宇宙（Multiverse）[31]」中，不是「平行宇宙」，而是跳開一個距離去看這個世界的「多重宇宙」概念。

大腦思維受到每天進來的資訊影響，從周遭人事物到對整個世界的認知、宇宙觀的建構等；有的人認爲宇宙就是天空，有人上學後才知道宇宙有多少顆星星，或網路上發現恆星不只太陽一個；種種訊息形成了一個人內在「單一宇宙」（Universe）的樣貌。

如同這本書若給十個人看，可能就變成了十本書，因爲每一個人閱讀的感受會不同。又例如我看了一篇文章，有了一個感受，這個感受生成了一個宇宙，但每一個人對文字的領悟力不同，所生成的宇宙也不會一樣。又或者我認

31. 多重宇宙論（又稱Multiverse, Megaverse, Omniverse, Parallel Universe），由美國哲學家與心理學家威廉・詹姆士在 1895 年提出，爲物理學尚未證實的假說。在我們的宇宙之外，很可能還存在著其它的宇宙，早期提出簡單的「多重宇宙」模型是「無限拼接」的床單，每塊補丁都是另一個宇宙，組成了各自形態不一的宇宙。

識一位新朋友，他在我的宇宙中產生了一個訊息，但他在家人心目中所長的樣子，跟在我的宇宙中的樣子一定不同。因此同一個人或一件事，在每一個「單一宇宙」內生成的樣貌迴異，於是同一件事情會產生不同的認知；我有我的宇宙，你有你的宇宙，他有他的宇宙——這是我對多重宇宙（Multiverse）概念的解釋。

在多重宇宙裡，每一個單一宇宙所知道的只是整個宇宙的一小部分；就好像你知道吃甚麼可以增加維他命D，「你所知道」成爲你的宇宙的一部分；但在「他的宇宙」裡面「只要曬太陽」就可以了！每一個人知道的都只是「事實全貌」的其中一個面向。

大腦基於接收的資訊生成一個宇宙，其中還包含個人的感受和想像，在我的宇宙中相信什麼、它就是什麼。然而，在這個主觀的相信裡面，還有很多來自於別人想要我們相信的眞相，或者希望我們相信他所相信的。也因此若一群人相信同一件事情，通常很容易組織在一起；換言之，一個人的喜好、認知和想像，決定了他的交朋友圈子，可以說是物以類聚。

一旦清楚看到自己的宇宙如何產生，或如何創造自己的宇宙，便會明瞭無論怎麼做，都不會跟別人的宇宙一樣，而每一個單一宇宙都是獨一無二的。我們應學習如何生活這個宇宙之上，而不是被它所控制，甚至把自己的宇宙觀，硬套在他人的身上。當我們勇敢去探索內在渴望的源頭，知道它的組成是甚麼，如何產生，然後正視隱藏在情緒背後的內在意圖，便知道如何生活在渴望之上，而不被它所控制。

單一宇宙的「覺」

公司可以說創造了一個「多重宇宙」，將每一位員工的「單一宇宙」包容在內。由於來自不同的家庭和成長環境，大部分的人根據所認知的世界，全然活在自己的宇宙中，往往以自我爲中心，凡是習慣先想到自己。

在公司裡面有的人喜歡搞小團體，有的人因溝通能力不佳，缺乏安全感而說人是非；也有人因各方面知識和歷練不足，爲了跟同事創造話題而捕風捉影、說長道短。即使天生表達能力比較不好，譬如我自己，容易把話題越帶越遠，但總是會盡力把事情說清楚，讓聽的人明白我想要傳達的訊息。也許那些人並非故意加油添醋，而只是還沒完全理解那句話的意思，卻又想著去分享給其他人知道；然而對不了解的事情隨意下註解，就發展成職場八卦。

這些行爲模式也許並非出自他願意，所有的決定都與成長環境和過去經歷息息相關，我相信人心是本善的。如果我們生長在優渥的皇宮裡，每一天看到和感受到的都是美好的事物，或從小到大擁有父母滿滿的愛，生活上沒有特別煩惱，就不需要去製造話題或者八卦別人的事情，以此博取同事的認同。

大多數人希望自己在別人心目中是受歡迎的，然而試想，我們跟每一個人講話的內容、扮演的角色都不同，在個別「單一宇宙」所產生的訊息和長出來樣子，怎麼可能會一模一樣？每一個人「存在的樣子」在別人的宇宙裡，是經由五感接收後所產生一連串的「資訊」，也因此每一個「單一宇宙」都是獨一無二的，並不存在「共同宇宙（Universe）」。

對我來說，「我的宇宙」就是自己所認知的世界；我們應該往內心看，從「我的世界」出發，去看待這個宇宙，而不是從「別人的世界」去看到自己。我們在很多時候不自覺地活在別人的宇宙裡，並且希望自己能做得更好，這其實是造成個人精神和情緒問題的根源之一。

有的人一輩子都在追求名牌，時常覺得錢賺得不夠、對不起父母，這些都是被外在資訊所控制，也就是被外界「多重宇宙」所支配。其實我們應從自身的宇宙出發，以平常心去看待這個世界，就不會執著於一定要得到甚麼或感覺自己失去什麼。雖無法選擇出生的時間和家庭，或這輩子要經歷什麼，但我們可以決定用甚麼態度去面對自己的人生——拒絕被外界資訊所左右。

事實上我們無法討好或讓所有人來討好我們，當我們對別人刻意做一件事，並且帶著渴望、慾望和目的性去做，相信別人都會有所感覺。這麼做不僅給自己增添許多無形壓力，甚至帶來不愉快的經驗，因爲「眞誠」也是一種頻率。只要散發著正向能量和友愛的頻率，相信人緣自然會越來越好。

帶著「覺」管理

過去經營公司奠基在單一宇宙（Universe）的視角上，現在我知道還存在著多重宇宙（Multiverse）的概念。單一宇宙就是「老闆說了算」，員工應該與我同步，想法須跟我一致。在經歷許多人生課題之後，現在我認爲每個人的成長和經歷形塑了他的個人宇宙，這些資訊影響他當下做出一些選擇，甚至某些極端或錯誤的決策。因此，今天當員工做錯事情，第一件事情我會先處裡員工的問題，然後反省自己：將他或她放在這個職位上，是不是因爲自己做的決策？或如果系統上有問題，是否因爲標準作業程序 SOP（Standard Operation Procedure 的縮寫）沒有建置好？無論如何，是自己沒有做好管理者的職責，帶領團隊去設定完整的 SOP！但公司仍須繼續向前走，接下來應該如何去做調整？

這並非自責，而是清楚知道：「這一切發生在自己的宇宙裡面，都是來自過去所做的每一個決策。」這一步已經知曉，那麼下一步應該要做出甚麼修正呢？從「覺」的角度去看待錯誤的發生，比較能夠設身處地去思考：爲什麼他會犯這樣的錯誤？這麼做才不會讓自己陷入大腦究責的細節裡面，而且一味指責並不會改變任何事情。

有些人抱持著「反正做錯了被老闆罵一罵就好」的心態——在工作上不停犯錯，一直在原地打轉。其實工作態度反應一個人的格局，格局大的人站在比較高的視角爲大局著想，這樣的人才每一家公司都想延攬；而格局小的人，自私心態讓他在公司的發展侷限在某一個職位上，卽使換到其它的公司，還是只能做同樣的工作。

而格局則受到父母、兄弟姊妹等家庭教育和成長環境的影響，無論是遠或近因都很難改變一個人現在的樣貌。如果這個員工仍在這個職位上，在還沒有「覺」的狀態下，多半還是會犯同樣的錯。卽刻改變一個人的「單一宇宙」可能性不高，因爲過去的點滴經歷，已內化成爲他今天的一套行爲模式，除非遇到名師指點，自我認知要覺醒，主動去學習，下定決心後才能有所改變。

唯一能做的是盡可能去提高員工的心智，讓他們體會到還有另一個「我」的存在，知道自己可以做出更好的選擇，而不是一直被大腦所控制；明白在同一家公司成爲同事，等於在個人的「單一宇宙」中擁有了一個「共同宇宙」。

從「多重宇宙」到「共同宇宙」

過去如果員工犯錯或其行爲影響到公司，總認爲是他們的問題，但現在我的做法不同，更希望員工能夠在錯誤中學習，跟公司一起成長。也就是縮小公司和員工之間頻率的落差，甚至達到同頻共振，將「多重宇宙」調頻到「共同宇宙」的狀態，鼓勵大家一起努力把事情做好。

很多公司剛成立的時後，員工人數較少，後來隨著業務成長，聘用的員工越來越多，資深職員自然被拔擢成爲部門主管。這些主管雖然在對的時間進入公司，但有的人其實無意擔任主管職。草創初期公司沒來得及建置一套完整的培訓制度，他們大多依據個人的經驗法則去做管理，對於老闆的宇宙和想法也只能領略其中七、八成。但如果能夠達成這八成的目標也相當不錯，然而當老闆的想法向下傳達，其他員工恐怕也只能夠聽懂其中的六成，再往下執行，距離老闆的初衷已漸行漸遠。

事實上當組織架構在六、七層以上，很多資訊比較無法完整傳遞，這也是 IBM 公司在管理上出現問題的原因之一。如果組織階層太多，各階層間又欠缺開放討論的機制，那麼當老闆一個想法交代下去，經過一、二百層之後，出來的結果完全跟原本的理念背道而馳。因此現在很多公司的作法除了組織越加扁平化、調整各階層間的溝通模式之外，同時規劃完整的員工培訓課程，希望員工和公司一起進步和成長。

如今網路資訊十分發達，大腦開發和應用領域普遍被重視，企業組織提倡「大家一起來參與」的新概念；就是你也來、我也來，公司的所有主管一起來討論。在會議中，每一個人都必須發言，提出公司發展遇到的瓶頸；例如，經過二十位主管發言之後，我發現原來現階段對公司來說，最重要的是加強行銷！爲解決當前行銷不足的課題，團隊接續討論，提出解決問題的方案。

在參與的過程中，每位成員都知道公司的近況，大大提升對公司的認同感。我也慢慢發現，當員工參與到公司發展的時候，工作態度相對比較積極，而且效率提升，跟公司也產生較多連結。不可諱言，成立公司最主要的目的是爲了賺錢；一個賺錢的公司，其實需要每一位員工的參與，並且要讓每一個人感覺到自己卽使是一個小小的螺絲釘，也是公司不可或缺的一份子。

臺灣公司的管理，就個人觀察擁有一個強項，就是依照設定的標準作業流程——一個指令一個動作；員工只需根據 SOP 確實執行卽可。與「參與式」的管理方式不同，譬如有些知名連鎖餐飲業或金融機構等，並不鼓勵員工參與工作相關的討論；包括很多大型科技業的管理模式亦是如此，制定好一套制度，員工照著做，不必想太多或提出任何問題。

這一套管理模式在臺灣還能適用，主要是民風純樸、公民素質高，但也帶來一些缺點，讓員工失去創造力。面對疫情後時代電子商務的活絡、社群平台的銷售串流，和數位行銷的多元複雜性，公司需要更靈活的創新的點子來提高自身的競爭力，應對市場變革的挑戰。誠如上述，一個指令一個動作和員工低度參與的經營模式，恐怕已經跟不上時代。

用心或數字經營？

開會是爲了要一起創建一個「共同宇宙」，這是公司的運作模式。有很多朋友在開會或談事情的時候，鉅細靡遺討論哪幾個項目好或者不好，然後做出一個結論；然而判斷事情跟開會是截然不同的狀況。就個人來說，只需要清楚自己「所想」和「所做的選擇」，並非完全依賴文字或數字去反覆分析。

公司的管理不能也一味地看數字，雖然很多事情需要以數字的角度來衡量，但這些都是預估的（當然會越來越準確）。如果只用一個數字去判斷一個投資案的優劣，那麼就必須具備對數字的「敏銳度」。譬如看到一整頁的數字，有的是負數，有些是正數，通常有的人不太會去注意這個數字，但當我看到這些數字，就會升起一種「這個東西是不對的」的敏銳度。敏銳度跟大腦所學習到的知識不同，那是對人事物的一種感覺。以這樣的心態去看待公司的運作，而不要過分依賴冷硬的數字：「這個東西跑了多少次，得到的結果是正常的……」，反而對我來說，這是不正常的。

如果是針對個人的事情，就是隨心而走吧！通常在沒有考量太多的情況下，就繼續這樣做，一直做。而不是一直用大腦去思考和判斷，列出這個決策的十個優點、五個缺點，然後覺得應該如何，提出數據分析衡量等。面對人生不是這樣，當我們把它數字化之後，就會被數字所控制。就像每天看到新冠肺炎確診和死亡的數據，其實這些數字都是給民眾看安心的。試想，雖然99.74% 都是輕症，但是爲什麼我們認爲自己不是0.26% 中標的人，而是別人？無論確診數據高低，其實沒有人能夠預料，下一個被感染的是不是自己。

當一個人想做一件事情，自然會預想各種優缺點，衡量要不要去做；其實讓「心」告訴你該不該做，「心」想怎麼做就去做，再怎麼分析，做了之後的結果其實沒有人能夠預料；成功或是失敗，都只是人生的一種體驗與學習。

第13章 「覺」與科技

反思成功定義

有一句話：「『成功』不在於你贏過多少人，而是你幫過多少人。」這句話一直烙印在我的心裡。現代社會競爭激烈，很多時候一個人的成功，無可避免的會傷害到其他的人，甚至必須踩著別人的肩膀才登上金字塔的尖端；對我而言，雖然達成目標，但無法符合「成功」的意義。

社會定義的「成功」往往在於這個人擁有多少財富、薪資多高，在學校則是看成績；然而如果這位天才每科成績都得到滿分，但卻是一個沒有良心的人，這樣算不算成功？譬如某國立大學政治所高材生，因對女性暴力而被全民唾罵；或發動烏俄戰爭的俄羅斯總統普丁，雖然獲得俄國人超過八成的支持，但大部分的民主國家都認爲他是個瘋子和侵略者，那麼他成功了嗎？

再舉一個例子：臉書創始人馬克・艾略特・祖克柏（Mark Zuckerberg）[32]的人生可否定義爲成功？過去我的答案是肯定的。他在2004年大學時期創立The Facebook，一個全世界大部分的人都喜歡使用的社群網站，2012年公開募股，The Facebook成爲發展最快的科技公司，短短五年市值高達五千億美元，祖克柏自己也擠身全球富豪之列。很多人都認爲他很成功，然而在提升人類道德與心靈成長方面，我覺得臉書的設計讓人類的心智日益更遠離「覺」；爲了廣告收益，祖克柏對於「公眾安全」問題無動於衷，也許這就是欠缺社會責任感所致。

所以「成功」的定義是甚麼？我們需要探討更源頭的核心問題：「人生的意義是甚麼？」我自二十多歲起也一直在思考這個問題，活著是爲了追求金錢財富，或者追求甚麼？

大部分的人一輩子都做得很辛苦，然而到了離開這個世界的時候，卻甚麼也帶不走；來的時候，其實也是空手而來。活著的時候，我們拼命地想要擁有更多，不停地去銀行存錢，回來後又繼續地努力賺錢，然後全身

32. 2004年Mark Zuckerberg在哈佛宿舍與同學 一起創立The Facebook，初始資金只有15,000美元，推出後很快獲得數千萬美元的資金挹注。2012年5月12日公開股（IPO），2017年7月市場價值達到5,000億美元，並且用戶人數已達到20億（佔全球人口的27%）。然而近年爭議不斷，2021年社群被美國百年老牌雜誌《新共和》（The New Republic）評爲「2021年度惡人」（Scoundrel of the Year），在報導中砲轟祖克柏創造了世界上「最差勁、最有害」的網站。

都是病痛！生病時，只希望能夠好起來，能好好活著就好；康復後卻又忘了，還是不停地去賺錢！賺到錢後又存放到銀行裡面，等到要離開地球的時候，卻發現沒有什麼能帶著走！我想這就是一種輪迴。到底人生的意義是甚麼？“Why are we here”（我爲何存在這個世界上）？這個問題我想了十幾年。

直到近年開始研究身心靈，才有初步的體會：原來生命所有的過程，都只是一個體驗，把我們的狀態調整到更好的頻率，而不是被這個金錢世界所創造的各種物質渴望，掩埋了眞實的「我」；這就是一種「覺」的人生。

AI使人類退化到2D世界

現在人工智慧（AI）[33]的使用非常普遍，創造AI最核心的概念卻是爲了複製並超越人類感知世界的能力以及回應世界的方式。AI有能力根據所收集的資訊不斷自我調整和進化，目前在一些影像辨識、語言分析、棋類遊戲等方面的能力，AI甚至已經超越人類的水準。我們以爲這是社會進步

33. 人工智慧（Artificial Intelligence，AI），指由人製造出來的機器所表現出來的智慧，通常指透過普通電腦程式來呈現人類智慧的技術。AI的核心問題包括建構能夠跟人類甚至超卓的推理、知識、規劃、學習、交流、感知、移物、使用工具和操控機械的能力等，目前仍然是該領域的長遠目標。

的象徵，但實質上它將人類導向退化的進程。

這個宇宙有一度、二度、三度和四度空間（及以上），目前地球從三度空間朝向第四維度揚升，而人類具備五種感覺包括眼睛可以看見、耳朵可以聽見，手可以觸摸、鼻子的嗅覺及舌頭的味覺，才能滿足身心各層面的種種生存需求。然而有一天，我跟孩子說話，他們連想都不想拿起手機便開始搜尋，網路會給出所有需要的答案！孩子認爲這就是他們的生活方式。

今日無論大街小巷、捷運上、餐廳裡，男女老少都在盯著手機，吃飯、看電視、聊天、走在路上都在滑手機，當我們大量使用手機，反而常常忽略身邊正在發生的事情。現在科技已經把人帶往二度空間去，手機上顯示的文字、照片和影片，所有東西都在2D平面上顯示；因此我們活著只需要有三種感覺，聽覺、觸覺和視覺就足以應付日常生活，使用到味覺和嗅覺的機會幾乎越來越低，地球反而降了一個維度。

科技一直往前走，無形中卻阻礙人類天賦能力的發展，譬如我問孩子一個問題：「葉子有哪些類別？」他想都沒想就回答：「就馬上去 Google 一下！」

唾手可得的資訊，讓孩子失去探索、想像和思考的慾望。「Google 一下」同時也形塑了每一個人的單一宇宙，每件事情的是非曲直都也由 Google 決定，這個發展是不是值得我們深思？如果我們的下一個世代，已經放棄探索未知的渴望，即使科技一日千里，人類的心智卻反是倒退的。若孩子能走到戶外，認眞觀察一片葉子，或者實際去觸摸樹葉的感覺（不是從手機上透過2D的文字和照片去接觸）；或者感受空氣中的溫度，植物散發的綠色能量，或者聞到大樹的沉穩幽香等，這些都能讓人體驗到活著的感覺；相信在AI的世界，這些眞實的感受是永遠無法獲得的。

然而這個世界不斷鼓吹網路的便捷性，任何知識、資訊、圖片、影片、線上購物、社群網站、軟體應用程式等都能輕易取得；AI科技越進步，越將我們從3D的世界慢慢推向平面的2D世界。想想看，滑手機的時候，AI無限制地反覆推播你想看的內容，那些自動出現的訊息佔滿小小的螢幕畫面，看到其它類別訊息的機會越來越少。我們的知識和生活經驗被限縮在AI設計好的演算邏輯中，無法走出去，對這個世界也日益失去好奇心和探索意願。

由於我們的大腦不停地被輸送資訊，這個過程將人類推向一個被動的「訊息接受器」，再這樣下去，我們的觸覺也將日漸遲鈍，只剩下視覺和聽覺去感受這個世界。尤其在疫情爆發之後，人與人之間不太需要碰面，大多數的活動都在網路上連線舉行，其實我還是想要呼吸人與人之間相處的氣息，感受一下人氣。如果沒有放下智慧型手機，走出去探索這個世界，我們將逐漸失去體驗生命的熱誠，日久也會感覺到自己的人生沒有太大的意義和價值。

AI讓人類失去存在感

當所有資訊都能在網路上輕易取得，人類不需要再去探索世界，那麼活著的意義是甚麼？出門時AI知道你去哪裡，要買甚麼AI也事先告知，要看甚麼新聞AI自動推播，然後人們還自己一頭鑽入2D的世界，去進行一些線上活動！其實2D世界根本不需要一個完整的人類，只需由AI執行複雜的程式後送出一個結果；但如果科技眞的走到這一步，人類活著的功能性十分微弱，幾乎可以不存在了。

未來幾個世代，人類恐怕將失去生存的慾望，當我聽到這方面的論述時，一點也不驚訝。如果每天起床就開始滑手機、玩電腦，所有的事情都在平板的虛擬世界裡完成，人類對於生命的感受力日漸遲鈍，當覺得這個世界太過無聊和乏善可陳時，有的人就想盡快登出這個地球，因爲不需要再活得這麼辛苦。如果AI不管制，或是制定一個公開的基準（不是以個人的喜好或偏見爲基礎去設計），它會毒害我們的下一代。推測再五個世代以後，地球社會將可能出現自殺潮，人類是自取滅亡的。

身爲科技業的一份子，我感受到在不久的將來，AI將被使用來訓練人類，地球也將會走向阿諾·史瓦辛格在《魔鬼終結者》電影中，那個電子人殺手的世界。從今年（２０２２）烏俄戰爭中大量應用AI技術作爲戰鬥利器，便可窺見未來AI世界的端倪。如果人類沒有制定AI發展的界線，有一天當AI有了覺知，便可輕易取代人類的存在，其後果難以想像。

過去在文藝復興時期，從教堂壁畫或古籍等當代物件，都可以感受那個時代的靈性很發達，可惜人類並沒有繼續發展更高的靈性，而選擇了弱肉強食的物質世界。物質的極端，便是將所有的事情都交由「物質」取代人類去完成；當AI發展到這一個階段，人類將被自己設計的東西所取代，也就是可能被自己的創造物所宰制。

在短短數十年的人生裡，我跨越了從無到有的網路世代，擁有這一代年輕人從未有過的體驗，雖然這些經歷不盡然美好，但至少我感受過實體的世界。現在年輕人大部分的體驗都來自虛擬的世界，例如虛擬偶像、虛擬實境、虛擬貨幣等，根本不在乎這個世界實際的模樣，唯一關心的是別人世界的樣子和手機上的訊息。

每天早上醒過來，連上網路之後都在觀看別人的日常生活，也只在乎虛擬世界中所發生的事情，那麼還會關心和在乎自己的事情嗎？在這樣的狀態下，其實「靈魂」恐怕已經不在，「覺知」也不存在，存在的只是一個「資訊接受器」而已。我的這個世代經歷過沒有手機的年代，因此還能跟大家分享那個沒有螢幕和搜尋引擎機，只有單純通話功能的3D實體世界。

提高「覺」使用「元宇宙」科技

AI是人類設計出來的科技工具，原是爲了讓生活更加便利，但因迎合某些人的喜好和商業利益，正逐步朝向取代人類大腦功能的方向發展。元宇宙（Metaverse）[34]在2021年被提出，興起探討和追逐的熱潮。明知道繼續往下走可能帶來的後果，祖克柏仍然繼續推廣「元宇宙」。試想，每天起床後大部分的人都待在元宇宙，這個世界會變成怎樣？我們交往的對象是虛擬的，結婚是虛擬的，我們不需要碰面，不需要結婚，也許不需要有下一代，人類眞的處於一個危險的階段。

如果沒有管制AI的發展，所有的人類知識都交由AI處置，預估五個世代之後，除非你是科學家，還在不斷探索科技尖端，大腦每一天仍持續正常運作；否則一般人的大腦使用度越來越低，大部分的時間都在接收資訊，那麼活著將變得十分無聊，對這個世界也提不起絲毫興致。想想看，開車AI可以開，畫圖AI也可以畫，音樂AI也能做，這個世界並不需要你，沒有意義的

34. 元宇宙（Metaverse）是虛擬實境（Virtual Reality, VR）與擴增實境（Augmented Reality, AR）的延伸概念，加上全像投影（Hologram）技術，幫助虛擬與現實世界連結，透過區塊鏈或非同質化代幣（NFT）等技術，可以在虛擬世界中進行交易等活動。在虛擬世界中，使用者使用虛擬替身（avatar）與朋友見面、購物或開會，如同在現實世界。

活著是一種痛苦。甚至Meta（舊名Facebook）依據你網路偏好自動吐一大串新聞和廣告，並沒有給你選擇的機會.，優步（Uber）也開始走到這個方向上，亞馬遜（Amazon.com）也是，世界頂尖品牌和企業都是！所以人類沒有在進步，反而是在退步。

並非拒絕享受網路的便捷，而是我們須要提高「覺知」去使用網路，因爲當生活的一切被網路控制之後，我們同時也會失去了自己的靈魂。「有意識」去使用網路科技，才能懂得分辨網路世界中的眞實和虛幻，知道網路如何收集你和朋友之間的資訊，把你的世界越變越小！原本網路的世界無遠弗界，資訊也包羅萬象，理應有助於擴展個人的世界，但AI反而根據收集的資料只餵給我們有興趣的內容，並且將個人的交友圈限縮到剩下一小圈的人陪伴。當我們的世界只剩下喜歡的東西，那麼就沒有能力再去重新認識多元的未知世界。

其實這個世界因爲有好人和壞人，有這樣、那樣各式各樣的人，透過各式溝通和交流，不同的想法才能激盪出新穎創意的火花，這個世界也才會這麼有趣。一旦人類被AI的程式訓練成爲統一的想法和單一的喜好、甚至行爲模式都一模一樣，那麼人類就像是一台電腦設備而已，人生也會因此變得貧乏與單調。當人類的世界被AI限制，我們將逐漸遺失生命的主動權，也失去從不同的角度理解這個世界正在發生的事情。

不可否認AI對人類的幫助，但過於依賴之後，原本屬於人類要做的判斷和選擇，全部都交由AI完成，這個發展讓人類從第三維度頻率掉入二度空間。所謂的二度空間是由點和線組成的平面維度，所有來自高維度的能量降到二度空間卽被壓縮，我們看到和感受到的眞相非黑卽白、非對卽錯，情緒也是二元的，非愛卽恨、非好卽惡，也是直線的。在二元世界中，人類將失去思想的創造力和感受愛的能力，相信這是擁有靈性的高等生物如人類，最不希望發生的事情。

三度空間是目前地球所在的維度，若人類想要體驗四度空間，就必須要超越五感，首先第一步需要提高「覺」。四度空間是突破三次元大腦限制之後的思想維度，也就是說人類有能力去調控內在的思想。因此，有「覺知」去使用科技，或提升覺知到第四次元的思想維度，能夠讓我們不僅享受AI高科技便捷，也可以避免身心和心智倒退到平面的空間。

探索未知宇宙

在這個宇宙中，過去和現在，包括未來人類所知道的一切資訊，它都眞實存在！曾經在電影中上演的間諜暗殺行動、星際大戰的外星人故事、東方的龍王宮、西方的希臘神話等，包括現代寶可夢所呈現的卡通世界，我相信這些都是眞實存在的。

電影中的「鋼鐵人」可能在三、五十年之後眞實存在，只是我們這個世代看不到；相信不久的將來，地球上的人類也會看見來自其它星球的太空船和外星人，或運載人類移居到另一個星球的航空母艦等；很多被拍成電影的資訊，都是未來會發生的事情，而這些預示未來的畫面，被某些人經由特殊的訊息場接收之後，寫入劇本中拍成電影，所以未來也將會一一發生。

改變全世界生活方式的網際網路，難道是從人類的大腦突然蹦出來的靈感？相信是某一個人去到另外一個維度，看到一個與地球完全不同的世界，回到三次元的地球之後，發現人類也可以使用這樣的方式彼此連結，於是網際網路才慢慢被發展起來。又譬如一百年前若有人說，人類拿著一個小盒子（手機），就可以跟數百里之外的朋友講話，一定會被罵「神經病」！又或者有人說他看到一台小型設備，能夠接收到全世界的人傳輸的資訊，相信同樣也會被嘲笑得了「妄想症」！然而這些在今天都眞實發生了。

宇宙似乎在冥冥之中被某一種力量持續牽引著，無形中帶領地球人類朝著一個方向前進。當人類接收的資訊越來越廣，所發現的宇宙也就越來越大。從前只知道九大行星，現在剩下八大，其中一顆不是行星。然而宇宙究竟有多大？人類持續探測後發現了整體宇宙包含數千億恆星的銀河星系，而地球所在太陽系也只是銀河系的一部份！這些都是別人研究之後所作出的一個結論，但也並非宇宙的全部眞相。截至目前爲止，我們所知道的都只是人類的大腦和五個感官創造出來的資訊，但這些訊息是否正確並不重要，因爲時間點到了，該發生的就會發生。我們知道有外星人，有的人想要跟外星人握手，或者未來能夠在太空旅遊等，時間到了就會發生；也許我們這個世代可以遇見，也許時候未到還無法看見。

宇宙內所有的一切物質持續在運動，從未靜止過，所以宇宙一直變化莫測，目前人類所探索的一切知識都只是眞相的一部分。我的宇宙觀，也只代表幾十年來所吸收知識和個人體悟所得，亦並非眞實的宇宙樣貌。事實上生活在地球的每一個人，所知道的只是整個宇宙的一小部分而已，還有許多現象是大腦層級所無法解答的。

而過去數十載的人生經歷，今日我對於世界的認知已經慢慢轉變，了解從小到大所學習的外界資訊，只是這個世界想要我們知道的眞相，同時也察覺到大腦操控之下所看見的世界的扭曲樣貌。回過頭來審視AI的發展一日千里，正邁開大步地去複製人類大腦的功能模式，將來也會取代大腦，對人類未來的世界是否造成更大扭曲？這個部分需要更周延和深入的探究。

如果知道無論肉眼看見或看不見，這個世界的一切成像，原來是不同振動頻率的光折射而成，一切全都是虛幻；是否還會相信大腦所認知的世界，便是全部的眞相？

是否想過，有一天當我們的意識與大腦分開，在「覺」中你會看見甚麼？那些存在於不同維度的能量，跟地球的物質世界如何產生關連？

物質世界的一切，透過某一個頻率彼此連結；有了這個認知之後，我們應該如何重新建構自己所認知的世界？改變大腦認知，用甚麼態度生活？

也許地球已經走到了一個轉折點，許多靈性世界的訊息不斷在我們的生活周遭出現，告訴我們宇宙不再是我們所認知的樣子！是否應該拋開舊思維和生活模式，勇敢走出大腦的巢臼，去探索和接收新的宇宙觀，也許此時，我們正處在一個絕佳關鍵的改變時刻，一個更高次元的靈魂力量和愛的新時代，正等待著我們迎頭趕上。

每一天醒來最重要的一件事情，就是告訴自己：「今天是新的一天，不帶有任何情緒把過去所經歷的事情一一消化，透過靜坐看到過去的你，並知道現在的你可以擁有選擇怎麼做。」

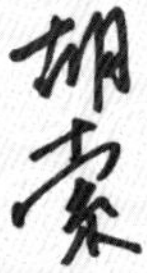

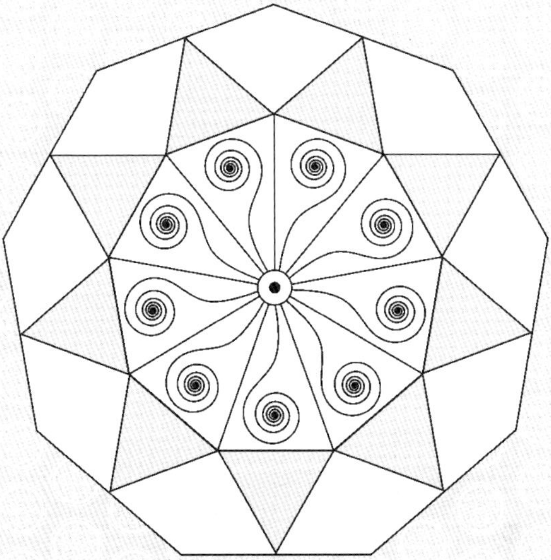

覺 BEYOND MIND

作　　者／胡索
主　　編／陳佩芳（Anna Chen）
校　　訂／胡索、張凱惠
原創圖紋／胡索
封面設計／張凱惠
美術排版／羅亭、李夏沐
裝幀插畫／張凱惠

出版者：也品文藝工作室
電子信箱: just.in.sense@gmail.com
網站: www.just-in-sense.com
聯絡電話: 0921717306
帳號：(007) 431-10-075491
法務顧問：許凱傑律師

也品出版

初版一刷：2022年11月11日
定　　價：新台幣390元

國家圖書館出版品預行編目　(CIP) 資料

覺 = B EYOND MIND ／胡索著 . --
南投市 : 也品文藝工作室 , 2022.11
面 ; 公分
ISBN 978 - 986 -95948 -5-1(平裝)
1.CST: 靈修 2.CST: 全程靜坐
192.1　　111012733